僕が親ならこう育てるね

〈西村博之〉
ひろゆき

扶桑社

はじめに

マシュマロ実験という教育分野で有名な実験があります。

「15分間食べるのを我慢したら、このマシュマロを2個あげるよ」と自制心を試すもので、1960〜1970年代にかけて4歳の子どもたちを対象に行われました。

目の前のマシュマロを我慢できた子どもと、我慢できなかった子どもはその後の人生がどうなるのか？

子どもたちの追跡調査を行ったところ、我慢できた子どもは大学の試験でも優秀な点数をとり、その実験結果から幼児期の自制心の強さが優秀さに繋がると、長く信じられてきました。

しかし、2018年に発表された、900人以上に規模を増やして実施されたマシュマロ実験の再検証結果は「長期的成功の要因は自制心の強さではなく、親の年収」という元も子もないものでした。

教育に正解はない――ということです。

日本の教育は、昔ながらの正解にとらわれています。学校で教えた方法で方程式を解き、テストでいい成績をおさめる。いい大学に入学し、いい会社に就職する社会の仕組みがある以上、それを否定するものではありません。しかし、それは教育のほんの一部でしかないと思うのです。

年齢や発育速度、子どもの数だけ個性がある以上、これが正解という教育方法は存在しません。それは子育ての仕方全般にも言えることです。

とはいえ、正解がなくても、導き出そうとするのが親心。

「習いごとは何をしたらいいの？」
「勉強をやる気にさせる方法は？」
「ユーチューバーになりたいと言い出したら？」
「お金の使い方をどう学ばせるべき？」

「引きこもりになったらどうする？」
「スマホは何歳から持たせる？」

『2ちゃんねる』『ニコニコ動画』の管理人を務めてきた僕のもとに、よく寄せられる質問は「子どもにインターネットを使わせるべきか？」というものです。そのとき、僕はこう答えるようにしています。

「僕が親なら、インターネットを使っても大丈夫な子どもに教育します」

いまの時代、インターネットは社会生活を送るうえで、なくてはならない存在にまで浸透しました。

一方で、未成年者が出会い系サイトやアプリ、SNSで見知らぬ人とやり取りして事件に巻き込まれたり、危険な情報を閲覧できるウェブサイトにアクセスしたりしています。教育関係者や親がインターネットに対して問題意識を持つことも当然と言えるでしょう。

しかし、危険だからと遠ざけるのは違います。インターネットにかぎらず、大人は子どもを守ろうとするあまり、ときに間違えた正解を導き出しがちです。それは、子育てを、教育を大人がある意味頑張りすぎているから。

正解はないが、「僕が親なら」で正解を導き出そうとしたのが本書です。

未来ある子どもたちには、人生を幸せに生きていけるような考え方を持ってほしいものです。

この本を読んでも正解は見つかりません。しかし、〝僕が親なら〟をテーマに少しでも正解に近づこうとしました。だから、本書が少しでも子育てする人や子どもの教育に役立ちますように。

目次

第二章 子どもの正しい勉強の向き合い方

第三章 子どもとお金とインターネット

第四章 日本のバカな学校&子育て環境

※本書は『週刊SPA！』2019年5月27日号から2021年7月13日号にかけて掲載された連載原稿を、再構成しまとめた本です

第一章

頑張りすぎない親になる

頑張らない躾が子どもの「行動力」と「好奇心」を伸ばす

親は子どもの人生がうまくいってほしいと願うものですが、「うまくいく」の基準は人によって違います。

粛々と、でも失敗しないように生きていくことを「うまくいく」とする人もいますが、世間一般的には、ほかの人よりも優れた結果を出している人を指すことが多いです。そして、親がお金持ちな場合を除くと、うまくいく人の多くは「行動力」と「好奇心」の両方を兼ね備えています。

当然のことですが、「うまくいく」には、まず動き出さなければいけません。その

行動力の源になるのが好奇心です。

好奇心があれば、興味のある分野を自分で追いかけるようになります。例えば、歴史に興味を持つ子どもは、何も言わなくても勝手に歴史の勉強をします。歴史に興味がない人からすれば勉強でしかないことも、好奇心があると、努力を努力とも感じずに勝手に勉強するようになるわけです。

ユーチューバーはうまくいかない

では、子どもがユーチューバーに好奇心を持ったらどうするか？

正直、すでに有名人まで参戦している分野で、結果を出すのは難しいです。世間が興味を持っていなかった5年前ならいざ知らず、いまからユーチューバーになっても抜きん出て「うまくいく」可能性は低いと思います。

ただ、ここで気をつけなければいけないのが、怒ったり止めたりすること。子どもは本来、無理やり何かをさせなくても勝手に好奇心を持って遊びます。

それを怒られたり止められたりすると「好奇心を満たそうとすると親が怒る」と因果関係を勝手に理解し、無意識に好奇心を満たす行動を抑制するようになると思うのです。

たしかに、うまくいくための好奇心を育むには多くの人が実践することに興味を持つことではなく、多くの人が興味を持ってない分野に勝手に興味を持つことが必要です。ミーハーな親からはなかなか生まれないかもしれませんが、それでも頭ごなしに止めるのではなく、ある程度のゆるさを持った**頑張りすぎない躾で、子どもの好奇心を見守る**というのはスゴく大切なことなのではないでしょうか。

お金持ちでない親を持った子どもにとって、好奇心と行動力は「人生がうまくいく」ためには重要な要素です。親が「興味を持てない」「嫌い」とか「周りと違うから」という理由で、子どもの好奇心や行動を妨げないようにしたほうがいいのです。

「好きなことで生きていく」99％は負け組になる

「好きなことで生きていく」というフレーズが流行っていますが、最近この言葉が独り歩きしている気がします。

単に面倒くさい勉強や、やりたくもない仕事から逃げる言い訳として「好きなことで生きていく」を使っていて、高卒の親が「自分はなんとかなったから子どもも大丈夫」と時代の変化がわかっていないパターンや、大卒なだけに高卒のハンデに気づいていないパターンで、子どもを大学に進学させなくていいと考える人がいます。

そもそもスポーツ選手と芸能人以外では、社会的地位のある人のほとんどが大卒です。生涯賃金も高卒と比べて4000万円近く多いのが現実です。もちろん、子どもが夢を持って好きなことを仕事にしたい、と考えるのは悪いことではありません。

しかし例えば、好きな野球だけを続けても、将来プロ野球選手になれるのはごく少数です。2016年の小学生野球少年は推定18万人という調査がありますが、プロ野球の1軍登録選手は12球団で348人。つまり、プロ野球選手になれるのは1000人に約2人で、活躍できる選手ともなれば1万人に1人です。99・99%の人は「好きなことで生きていく」ことはできない敗者として人生を歩むことになります。

「好きなことで生きていく」がすべて間違いとは思いませんが、努力ではどうしようもない才能や遺伝が必要な分野に、「好き」という理由だけで邁進するのは間違っていると思うのです。

ただ、「好きなことで生きていく」ことが成立するパターンもあります。それは**「ほかの人が苦だと思うことを苦に思わない」**ことです。

例えば、趣味がプログラミングのプログラマーは、休日も自宅でパソコンと向き合い新しい技術を試します。自然と技術力が向上し、「好きなこと」で給料も高くなっていくわけです。

好きなことがゲームならプロゲーマーではなく、ゲーム開発者に。運転が好きならF1ドライバーではなく、トラックの運転手に。といった感じで、「好きなこと」や「やりたいこと」だけではなく、「ほかの人に比べて苦にならない仕事」を見つけると、気楽にお金がもらえると思うのです。

メディアが取り上げるのは有名人やスポーツ選手ばかりなので「好きなことで生きていく」競争率の高い世界ばかりがクローズアップされて勘違いしがちですが、そこには確実に勝者と敗者が存在します。

僕が親ならば競争率が高くない分野で、子どもが苦にならないものを見つけてあげられるようサポートします。そのほうが楽しく暮らせる確率も高くなるわけですから。

「怒る」で躾られた子どもは「考えない」人間に育つ

子どもは、ものごとの善し悪しがわからずに行動してしまうので、躾は必要です。世間では、その躾に際して「いい叱り方」みたいな言い方をします。しかし、画一的ないい叱り方は、存在しないと思うのです。

一方で悪い叱り方はあると思っていて、それは叱るときに大人が〝怒る〟ことです。〝叱る〟と〝怒る〟はまったく別物で、〝叱る〟は、子どもがやってはいけないことをしたときに、適切な言い方で何がダメかを伝えること。〝怒る〟は、感情的に腹を立ててしまうことです。

当たり前ですが、躾は子どもへの教育であって、大人が怒りの感情をぶつけることではありません。子どもの発育段階によっては諭すように静かな声で叱っても記憶に刻まれないこともあるので、大声を出す必要もときにはあります。それでも〝怒る〟とは違うのです。

怒るという感情を子どもにぶつけてしまうと、子どもは恐怖を覚えて「怒っているから謝る」「怒っているから同じことをしない」と考え、その理由を見つけることを考えられなくなってしまいます。

体罰では「叱られた理由」まで考えない

昭和のころは叩いて覚えさせることが当たり前という風潮でした。そのため「叩かれないから同じことを繰り返すんだ!」と叩くことを正当化しようとする人もいまだにいます。しかし、理解ができていないと、叩かれても同じことを繰り返すだけです。

実際、躾や教育と称して叩かれて育った僕ですが、それでも宿題は忘れてばかりでしたし、いまだに遅刻癖も直りません。そもそも体罰で覚えさせることができるのは「やっちゃいけないこと」だけで、「叱られている理由がなんなのか？」は理解できないと思うのです。

重要なのは「叱られる理由は何か？」をきちんと理解してもらうことです。

だからといって、「なんで叱られているのかわかる？」などと聞いて、その答えを間違えたら再度叱るというような問答をすると、子どもは「間違うから叱られる」と思ってしまうので逆効果です。

人間は怒鳴られたり叩かれたりしなくても、きちんと叱れば覚える生き物です。感情をぶつける**〝怒る〟躾は子どもを思考停止させ、考えない人にしてしまう**と思うのです。

他人が読めないキラキラネームを名づける親がバカな理由

子どもが産まれて、最初に親が悩むのが名前決めです。そこで、キラキラネームなるものをつける親がいますが、僕は親がやってはいけない代表格だと思っています。

キラキラネームをつけられた子どもは、将来的にデメリットやハンデを背負う可能性が高くなります。名前は、他人から呼ばれるためにつけるものです。その名前が読めない時点でハンデです。

いじめリスクを高めてしまうこともちろんですが、社会人になるとき、就職活動で不利になることもあるようなのです。

企業の人事担当者は、その経験からキラキラネームの人の親の中に、変な人がいる可能性が潜んでいることを知っています。コロナ禍以前は就職説明会に親が来るパターンもあれば、職場に親が乗り込んでくるなど、いわゆるモンスターペアレントの存在が言われたこともありました。

雇用する側からすれば、リスクでしかありません。リスクはなるべく減らしたいと考えるのが普通です。なら、同じ能力を持った就職希望者がいた場合、キラキラネームではなく、一般的な名前の人のほうを選ぶことになりますよね。

親の思い入れや雰囲気で名前をつけると損をする

もちろん、5か国語を話せたりプログラミングができたり、弁護士資格を持っているなど、高度なスキルを身につけていれば、話は別です。キラキラネームとは無関係になれるわけですが、このスキルは相当の努力をしないと得られません。

また、キラキラネームをつけても生きていける子どもに育てられるのであれば、問題ありません。

例えば、芸能人の子ども。奇抜な名前でも、将来的に芸能人として生きていける可能性は高いので、むしろキラキラネームが相手にインパクトを与えます。さらに芸能人でなくても、資産家で子どもが一生働かなくても生きていけるお金を親が残せたり、子どもがズバ抜けて容姿端麗だったりすれば、キラキラネームが背負うハンデを危惧する必要はないわけです。

しかし、多くの人はそうはいきません。そう考えると、親がキラキラネームをつけた時点で、**その努力やハンデを子どもに強いるのはあまりに厳しい**。このデメリットを想像できない親は頭が悪いと言えるでしょう。

最近の研究結果では、ＩＱの４割は遺伝することが判明しています。全員とは言いませんが、キラキラネームの人は頭が悪い可能性を孕《はら》んでいるとも言えてしまうわけです。

名前をつける際、読めることが前提の普通の名前にするほうがいいと考えますし、名前の候補で悩んだら周りの人に読めるかどうかを確認したほうがいいでしょう。

加えるなら、その読み方がほかの言語で変な意味を持たないかどうかまで確認します。これからはグローバル化の時代ですから、他国で働いた際に自分の名前の読みが、その国の言葉で忌み嫌われる言葉だとなかなかしんどいと思うのです。

冒頭でも述べましたが、名前は、他人が読むためにつけるものです。

読めない漢字で名前にすることは名前のつけ方として間違っていますが、バカな親だと親自身の思い入れや、雰囲気がかわいい、特別感を出したい……といった理由で、子どもに変わった名前をつけてしまう。子どもの将来を、もっとよく考えてほしいものです。

子育てを「不安に感じる」はいいことだ

いまの日本は不景気で、コロナ禍による失業リスクやうつ病になる可能性を孕んでいます。そんな不安定な状態が続けば精神衛生的にあまりいい状況とは言えないわけで、多くの人は不安を感じていると思います。

しかし、ここで思うのは「人間、不確定な未来や未知のことを不安に感じるのは至極全うだ」ということです。

新型コロナウイルスの影響で倒産件数が増え、日本ではワクチン接種がなかなか進みません。終わりがまったく見えない状況で、すでに資産的にゴールしている人ではなく、普通に働かないといけない人が不安を感じていないとしたら、むしろ鈍感すぎる気がします。それは、子育てでも同じことが言えると思うのです。

子育てをしたことのない人が子育てに不安を感じるのは、まともな人間のリアクションです。絶対に風邪を引かない人がいないように、絶対に子育てでノイローゼにならないという人もいません。頭の悪い人は「うつ病は根性で治る」とか考えるようですが、根性でうつ病が治ることを論文で証明できれば、それは、もうノーベル賞モノの大発見です。

つまり、どんな親でも「自分の子育ては正しいのか？」と悩んで育児ノイローゼになり、もっと言えば毒親になる可能性もあるのです。「自分も毒親になるかもしれない」と自問できている人は、それだけで十分まともだと思うのです。

自問できれば「自分の考えや行動が絶対に正しい」と思い込まず、他人の忠告をありがたく聞けますし、他人からのアドバイスを排除しません。だから、不安を感じることは決して悪いことではないのです。

わからずに育児をしても子どもは死なない

昭和の時代は、男性が子育てしなくても問題ない文化がありました。僕の父親が子育てをしていたというイメージもありません。

しかし、令和の時代はそうも言っていられません。昨今は男女平等が浸透し、男性が子育て参加する流れが出てきていて、フランスでは男性が子育てにコミットするのが当たり前です。

もし、男性が子育てに参加する必要がないとしたら、母親の負担減のためにベビーシッターを雇うべきですが、共働きでないと子育てできないほど日本は貧しい国になっているので、ベビーシッターを雇うのもなかなか難しい家庭も多いと思うのです。

このように昭和と令和では子育ての環境も文化も違い、その変化速度は年々早くなっているので、いまの子育てのやり方や考え方も20年後には「古い考え」になっている可能性が高いです。

にもかかわらず、いまだに「男性の育児参加はどうすべきか？」と考える人がいます。

これは子育てをしている側の人が「子育ては大変」と強調しすぎるから起きている考えな気がしています。結果、男性に「子どもの世話は難しいものである」と伝わってしまい、「子どもの世話は男性にはできない」と思い込ませてしまう要因になっているのではないか、と。

実際は、誰が育てても、子どもは育ちます。人類が類人猿だったころから、なんとなく産まれた赤ちゃんがそれなりに育ってきた歴史があります。つまり、ごはんを食べさせ服を着させ、眠らせて清潔にしておけば、子どもは育つわけです。

だから、何をしたらいいかわからないという育児に尻込みする人は、とりあえず子育てを体験して、困ったら相談に乗ってもらうぐらいの気軽なスタンスで始めることが大切だと思います。

授乳以外の子育てはすべて体力仕事

もちろん、最初は母親に懐いていたり、手際が悪かったりという理由で、子どもが父親を嫌がることもあるでしょう。

しかし、子どもが保育園や幼稚園に行くようになれば、父親以外のさまざまな大人と関わることになります。慣れ親しんでいない大人と関わる時間をしっかりとつくることは、子どものためにもいいはず。その準備としても父親が子育てをするのはアリだと思うのです。

男性には母性本能がありません。しかし、授乳以外の子育てはすべて体力仕事。**基本的には男性のほうが向いていることのほうが多いのです。**そういう感覚で育児を考えていけば、子育てへのハードルはかなり下がるのではないか、と。

加えて「育児を手伝う」という感覚を持たないほうがいい。例えば、男性が働いていて女性が専業主婦だった場合、男性が育児に対して「手伝う」というスタンスだと、主体性も責任感もないと女性側に取られがちになります。女性から「手伝うって、お前の子どもだろ?」と言われる人もいます。

育児に対しては「手が空いているときに母親をフォローする」ではなく、「決まった日に子どもの世話を一人で全部やって、母親には相談するけど作業はお願いしない」ぐらいのスタンスで臨んだほうがいいのではないか、と。そうすることで、夫婦の揉めごとの発生確率も下がると思うのです。

見せたくない親の姿はそもそもやらないほうがいい

親が子どもの前で見せたくない言動とは何でしょうか。路上に唾を吐いたり道端にゴミを捨てたりなどのマナーは当然ですが、言葉遣いやダラしない姿など見せないほうがいいというのは、けっこうあります。

子どもは、親や身近な人の言動を真似る傾向があります。大人の真似をすることで、社会性を覚えていくわけです。

例えば、子どもの前でスマホのメールチェックをします。すると、それを見た子どもはスマホを触ってメールを次々と開きたがります。これはメールの内容に興味があるわけではなくて、大人の真似をして楽しんでいるだけです。

そんな真似る力の高い子どもに見せたくない言動の基準を問われれば、それは親として「子どもにやってほしくない」と思うことを、子どもの前ではやらないということです。

仕事の愚痴や上司の悪口を家庭内で言っていたら、子どもはすぐに真似をします。そして、愚痴やため息、他人を傷つける悪口を言ってもいいんだと考えるので、もし子どもにやってほしくないのなら、こうした言動は子どもの前ではやめたほうがいいでしょう。

誰かが殴られて痛そうにしているのを見れば、子どもは他人を殴らなくなるのではないか……という自分がされて嫌なことは人にしない的な考え方もありますが、意図を酌み取れない子どものほうが多数です。そこまで子どもに期待するのは違う気がしますよね。

つまり、基本的に子どもの前で見せたくない親の言動の多くは「そもそもやらないほうがいいよね」ということがほとんどです。

子どもの真似る力を利用する

逆に、**子どもの真似る力を生かして、やってほしいことを見せておく**という方法もあります。例えば、部屋の掃除。子どもは片づけたそばから、おもちゃなどで散らかしていきます。だから寝たあとに片づけたほうが効率的と子どもが寝たあとに片づけがちですが、目の前で片づけをすれば、整理整頓の感覚が身につきます。

夜更かしもそうです。「早く寝なさい」と言いながら、親が起きていたら真似して子どももなかなか寝ません。本当に寝てほしいなら、部屋を真っ暗にして親も一緒に寝てしまえば、子どももやることがなくなって、寝るしかなくなります。

ほかにも、例えば料理で包丁や火を扱ったり、ストーブに石油を入れたりと、危険だから子どもに真似してほしくないけどやらなきゃいけないこともあります。それは「見えないようにやる」のではなくて、むしろ「見えるようにやる」が正しいと思います。子どもには「危険だ」ということを隠すのではなく、危険であることをきちんと教えたほうがいいわけです。

とはいえ、子どもも人間です。親の思いどおりになんてなかなかいきません。真似してほしいことは真似をせず、真似してほしくないことは見せてないのに、どこかで覚えてきて真似したりします。

そういうときは、あきらめて、のんびり子どもの成長を待ったほうがいいのではと思うのです。

夫婦の悪口は子どもの前で言わないほうがいい

先ほどから述べているように、子どもの真似る力は優秀です。「子は親の鏡」という言葉どおりで、親が自分の行動に気をつけないと子どもはすぐに真似をしてしまいます。そのなかに、夫婦ゲンカがあります。これは真似る以上に、精神的な負荷がかかることが多いです。

親が離婚した人たちからよく聞く話で、離婚後に「親が相手の悪口を言っているのが嫌だった」というものがあります。

離婚するほどの嫌悪から「ああなってほしくない」と相手の悪口を言ってしまうよ

うですが、悪口というのは、たいてい大人が自分の感情を正当化するために用います。親としての自覚があるならば、それは子どものためにも胸の内に秘めておいたほうがいいですよね。

離婚していない場合でも、母親が父親のいないときに言った陰口を子どもが聞いて、その後、父親と何ごともなく接しているのを見たら、子どもはどう思うか。きっと「世の中では陰口を言うのは当たり前」と認識をしてしまうと思うのです。これは非常によくないです。

陰口を言うことが当たり前だと感じると、子どもは「目の前で言われていないだけで自分も本当は嫌われているのかも?」と疑心暗鬼になったりしてしまうこともあるようです。

では、陰口ではなく直接言えばいいのかと言えば、それも違います。子どもの前でパートナーのことを悪く言うのは、やはり好ましくありません。たとえ嫌いなパートナーでも、子どもにとっては親です。小さな子どもが親を嫌いになるのは難しいのに、親がパートナーの悪口を言っているのを聞いたら、**自分の好きな人の悪口を言われているわけで、傷つくことになります。**

とはいえ子どもは「悪口を言うのをやめてほしい」と親に伝えると、親の機嫌が悪くなることも察知しているので、黙ってやり過ごそうとしますが、でも、実際は相当なストレスをため込むことになるのです。

パートナーがいくら嫌いで険悪な関係でも、子どもに見せるのは百害あって一利なし。子どもの前では取り繕っておいたほうがいいです。

冗談で陰口や悪口を言うこともあるかもしれませんが、子どもの年齢次第では冗談と理解できない可能性もあります。子どもの心にストレスをかけず、成長させたほうが健康的なのは当然です。

本当に子どものことを考えるなら、家族のことを褒めるようにして、悪口や陰口はやめておいたほうがいいと思うのです。

「あなたのためよ」は他人のせいにする子どもに育つ

僕は「転職できるゲームに外れ無しの法則」があると思っています。

ＲＰＧの『ドラゴンクエストⅢ』や『ＦＦⅢ』などにはパーティー（チーム）の編成が自由に変えられる機能があり、敵が強くて負けても「この職業でパーティーを構成した自分が悪い」「構成をやり直して再挑戦しよう」と自分の選択肢を反省できて、やり方を変えて、ゲームをクリアしようと試行錯誤します。

逆に、選択肢がないまま進めるゲームだと敵が強かった場合「ゲームバランスの設定が悪いクソゲーだな？」とゲームのせいにして、途中でやめることもあります。

これ、親子間でも似たような状況が発生することがあります。

例えば「有名大学に入って公務員になりなさい」という親の言葉に従って、子どもが公務員になったとします。その後、仕事でトラブルに巻き込まれると「親の言うとおりにしたの、ロクなことがない」と、親の責任にする考えが生まれることがあります。別に、公務員以外でも仕事上のトラブルはつきものなのに、です。

自分で決めて進んだ道であれば、トラブルを他人のせいにするのではなく、自分の責任として対処しなければいけません。自分で決めたことは他人のせいにできませんからね。

もちろん、聞いたこともない中小企業よりも、安定した生活が送れる公務員を親が薦めるのは一見、理に適っているように思います。しかし、「聞いたこともない中小企業に勤める人生が不幸かどうか」は誰にも証明できないのです。

ただ「隣の芝生は青い」という言葉があるように、公務員になっても「中小企業に入りたかった」と言い出す人もいるわけです。

とにかく**親が言う「あなたのため」は揉める確率が高くなる**ということ。子どもの目標を勝手に決めてしまったことで自主性が育たず、何かトラブルが起きた際に他人のせいにする、そんな子どもになってしまうと思うのです。

「あなたのため」を正しく導く方法は？

もし親が子どもに「あなたのため」と思って何かをやらせたいなら、上手に子どもを誘導していったらいいと思います。例えば、英語を習わせたいなら、英語が話せるようになるメリットを伝え、子どもが習いたいと思うように仕向けるのです。本人がやる気がないと時間とお金の無駄になる可能性がありますし。

親が目標を決めるのではなく、あくまでも**子どもが目標を決めるための手段をできるだけ提供してあげる**ことに注力したほうがいいと思うのです。

もちろん、子どもが自分で目標を決めると失敗することも多いです。だからこそ「あなたのため」と決めたくなるものですが、子どもが例えばユーチューバーやプロ野球選手になりたいと言ったとき、子どもが本気でなりたいのであれば、そのために必要なことを調べてスキルを磨くことになるので、それ自体は絶対に無駄にならない、とてもいいことなのです。

ただ、そういう場合でも、学校にはきちんと通わせ、挫折したときの別の選択肢も用意してあげるのが親の役目だと思います。

失敗してほしくないという気持ちはわかりますが、人は失敗から学ぶことも多い。修復可能な失敗は子どものうちになるべく多く経験させたほうがいいと思います。

「家族旅行を優先」で学校を休ませる親はたいていお金がない

「マジメに勉強していい大学に行くと幸せな人生を歩めるか？」が不確かな時代になりました。高卒で成功する人たちがインターネット上で話題になるものですから、ユーチューバー小学生なんてのも出てきて、「学校に行く必要があるのか」問題としてよく取り沙汰されます。

ここでは、この問題の前に、不登校よりもライトな「学校を休ませて旅行に行くのはどうなのか？」問題について考えてみたいと思います。

〝旅行〟となると、不登校に比べて賛否両論が巻き起こりがちです。おそらく、答えが時と場合によるからではないでしょうか。

そもそも論ですが、日本人は子どもに普通教育を受けさせる義務があって、憲法にも明記されています。通常時は日本国民の子どもを学校に通わせなければなりません。

しかし、「祖父が危篤」ならどうか。学校を休むという選択をするほうが正しいという考え方もできます。

つまり、二度と会えない人に会う、二度と見られないものを見る機会と、学校に通わせる義務のどちらを優先するのか？　という価値観の話なのです。

個人的には、スペースシャトル最後の打ち上げというイベントを見に行くのであれば、学校を休んでもいいと思っています。有人ロケット自体はロシアのソユーズとかもありますが、スペースシャトルの積載量はソユーズの7倍。発射を見学する際に受ける衝撃が全然違います。ソニックブームを体験する機会はスペースシャトルの打ち上げ以外では味わえません。

そうした唯一無二の体験なら学校より優先させる価値があります。

学校を休む価値があると子どもに説明できるか

一方で、ディズニーランドへ行くなどの旅行で学校を休むのは、一生経験できないわけではないですから、違うと思うのです。

しかも、子どもの学校を休ませて旅行に行くというのは、だいたい大人の都合です。「平日なら旅行先も空いていて、面倒な渋滞に巻き込まれる可能性も低いですし、「平日だとホテルや飛行機が安い」といった理由があると思うのですが、それらは、ほぼすべてお金の都合がつけば解決できる問題だったりします。

「学校を休ませて旅行に行く」親が憲法という社会のルールよりも重視している価値

基準が垣間見えますよね。その旅行が家族との最後の時間だったり、宗教的な行事だったりすればわかりますが、**「お金」や「渋滞」で学校を休ませるなんて、子どもがかわいそう**ですね。

学校をサボって旅行するならば、学校より価値があるもの、と客観的な根拠をきちんと子どもに説明できるようにしておくことが大切です。

自分たちの都合やお金のためだったら約束を破ってもいいという価値観を子どもに植えつけてしまうのは、よくないと思います。

育児を〝手抜き〟することが子どものためになる

日本人には「自分の苦労を他人にも味わわせたい」派の人が多いのか、「子どもの食事はすべて市販の離乳食」と主張したタレントさんに反対意見がたくさん出て、大炎上したことがありました。

反対意見のなかには「市販の離乳食だと子どもへの愛情が足りない」というものがあったのですが、離乳食を食べる年齢の子どもは「誰に食事を与えてもらっているか」の印象は残っても、「食事が手作りか市販品か」までは覚えていないと思うのです。もし0～1歳児が「離乳食が市販だった」と記憶していたら、相当の天才児です。大人になって離乳食が手作りか市販品かの騒ぎにコメントをするよりも、マシな大人になっていると思います。

ほかにも栄養価のバランスや安全面を危惧する意見もありましたが、市販品は栄養バランスを考えて作られています。衛生的なクリーンルームで調理・密閉・殺菌され賞味期限も明記されているので、一般家庭の台所で手作り離乳食を作って冷凍保存するよりも、雑菌混入の可能性は明らかに低いわけです。

もちろん、手作りを食べさせたい人は食べさせてあげればいいとは思います。しかし、それは育児でストレスをためない範囲の余裕がある人が、好きにやればいいこと。育児の事情は人それぞれで、サポートしてくれる人が周囲にいなくて睡眠時間がほとんどない人に「離乳食を手作りすべき」と押しつけるのは違います。

育児に〝手抜き〟は必要

これは離乳食に限った話ではありません。育児で利便性の高いものを利用することは、健全な子育てをするためには大切なことです。

飛行機は墜落しそうになると、天井から酸素マスクが出てきますが、子どもに装着させる前に、親が先に装着することがルールになっています。これは親が酸素不足で気絶したら子どもにマスクを装着できず、生存確率が下がるからです。

つまり、親が子どもの面倒を見られない状態は、子どもにとってデメリットでしかないのです。

炎上したタレントさんはシングルマザーでした。お金を稼ぎつつも子育てをする必要があるので、時間のやりくりが必要です。睡眠時間を削って離乳食を手作りし、親が健康を維持できなくなるくらいなら、市販の離乳食を使って睡眠時間に充てたほうが子どもをきちんと見守れるし、不慮の事故の確率も下がると思うのです。

親が健康で余裕があるならば、手作りの離乳食でも家庭菜園でも好きなことを好きなだけやればいいと思います。ただ、**健全な子どもを育てるためには、親が健全であること**は重要なのです。

睡眠不足のときは、夜中に起きて粉ミルクを作るのではなく液体ミルクを使う、一時的に預けられる場所があるなら遠慮なく預ける……。もちろん食事の量が少ない、栄養価が足りていない、運動が足りないなど子どもに影響が出る〝手抜き〟はよくないですが、影響がない範囲での〝手抜き〟は、むしろ子どもにとってはいいことでもあるのです。

周りの感情に流されて離乳食作りをして睡眠不足になれば、注意力が低下して事故の確率も上がりますし、育児ノイローゼになってしまう可能性もあります。

ラクができるところはラクをしたほうが、最終的に子どものためにもなると思うのです。

反抗期の半分は「親のせい」だから我慢すればいい

子どもに「やっちゃダメ」ではなく、「やらない子は偉い！」と伝えると、子どもの反応が変わる。そんな〝否定をしない育て方〟というのがあります。しかし、それで悪さをしなくなることはないと思います。

だからといって、子どもの悪さをなんとかしようとしても、意見が合わずに親子ともども嫌な思いをするだけになりますよね。そういう場合は、親が諦めて我慢することが大切だと思うのです。

僕は物心ついたころから親の言うことを聞かず、常に反抗はしていたので反抗期というものがありませんでした。結果、やりたくないことはやらない大人になった気もしますが、普通に生活できています。

子どもが反抗するのには、2つのパターンがあります。1つめは「親がやらせたいけど、子どもがやりたくない場合」。2つめは「親はやらせたくないけど、子どもがやりたい場合」です。

子どもが反抗する、半分は親に問題がある

1つめのほうの代表例は学校の勉強です。しかし、無理にやらせても勉強嫌いになるだけなので、さっさと諦めたほうがいいです。

そして、2つめの代表例は遊びです。これをやらせないと、子どもの好奇心を削ぐことになります。電車でもポケモンでも興味を持った事柄に、やたら詳しくなる子どもは多いです。遊びとはいえ、自発的に調べて記憶する。それは学習方法を習得する

のと、同義だと思うので、何も問題ないと思うのです。

反抗期は、親子の意見の相違がもとで起こる現象で、要するに、半分は親の問題です。ならば、**親が我慢すれば子どもは反抗せずに、好きにやっていく**と思うのです。

もちろん、その前提条件として「やらせたくない理由」ややらせる際のルールは必要です。例えば、「絵の具をぶちまけて部屋中を汚したい！」と子どもが主張したとします。親は部屋が汚れるので、やらせたくないはずです。しかし、そこで「自分できちんとあと片づけまでするなら、一回だけやっていいよ」と親が譲歩することができれば、反抗期にはならないはずです。

ただし、子どもがやりたいことが、大ケガに繋がったり他人に危害を与えたり、法に触れることだった場合、僕が親なら「あとで、これよりも痛いことになるよ」と言って、殴ってでも止めると思いますが。

子どものうちに「揉める」経験をさせておく

「優秀な人で、誰に対してもいい人というのは存在しない」という説があります。「そんなことない。あの人はいい人だよ！」という反論が聞こえてきそうですが、残念ながら、その人はそんなに優秀ではありません。

優秀な人には多くの仕事依頼がくるので、優秀＝時間が足りない＝全員に誠実な対応ができない、となるので、優秀な人ほどトラブルをまったく起こさないことは無理なのです。

一般的に、揉めごとはよくないことだと言われていますし、子どもにもケンカはよくないことだと教えるものですが、僕は**「ケンカをしたほうが仲良くなれる」の法則**があると考えています。

本当に無能な人が相手ならば、ケンカや揉めごとになる前に縁を切って終わりですが、ケンカに発展するということは、お互いに何かしらの繋がりを維持する必要性を理解しているからです。つまり、お互いに能力は認めているわけで、揉めごとの原因を取り除くことができれば、いい関係が築けます。

さらに一度、侃々諤々《けんけんがくがく》の口論を経験した相手であれば、気兼ねないコミュニケーションを交わすことができるので、本音で話ができて付き合いがラクになり、無駄な時間を取られなかったりします。

僕も以前、取引先の法外な請求にガチ詰めして値切ったことがあって、それ以降、交渉した相手からは挨拶をしても無視されていました。ところが、ひょんなことからその取引先と合併することになり、同僚になった途端「こういう人が身内にいるのは心強い」と、お互いに仲良くなれたものです。

僕はこの実体験があるので、積極的に言いたいことを言うようにしています。

別にケンカや揉めごとを勧めているわけではないですが、積極的に言いたいことを言って、ケンカして仲直りするという経験は、とてもいいことだと思います。だから、子どものうちからさせておくといいでしょう。

揉めごとを避けて自分の考えをきちんと相手に伝えずに黙っていると、伝え方を覚えることができません。自ら発言せずに相手が全部察してくれるのは、石油王の息子でもない限り無理です。

揉めてもいいから自分の考えをちゃんと伝えていく。結果、揉めても「仲直りする方法」が身につきます。だから、子どものころから「揉める」経験をしておくことは、社会に出たとき役に立つと思うのです。

子どもに失敗させる勇気を親が持つべき大きな理由

「子どもに失敗をさせたくない」と思っている親は結構います。

ケガをさせたくないとか、泣いているのを見たくないとか。人間の本能としてそう思うのは当然です。知人に子どもが産まれたときも「この子がなるべく泣かないような人生を歩ませてあげたい」と言っていました。

しかし、それを聞いてふと思いました。「子どものうちに泣かせまくったほうがいいのではないか」と。

子どもは、よく泣きます。でも、大人はそんなに泣きません。子どもは成長の過程でさまざまな泣く経験をすることで、耐性を身につけていきます。例えば、生まれて初めて殴られた人はビックリしてショックを受けます。しかし、兄弟ゲンカが日常茶飯事だった人は、いちいち殴られても驚きません。

ほかにも例をあげると、これまで失敗したことのない高学歴エリートが就活で失敗したり、一流企業に入っても結果が出せずに挫折したりという話をよく聞きます。それまでに失敗の経験が少ないと、「失敗は人生の落伍であり、取り返しのつかないこと」と思い込んでしまうようで、場合によっては、うつ病になってしまうこともあります。

しかし、子どものころから失敗（挫折）した経験があれば、人生を狂わせるほどの大きなショックは受けないはずです。

失敗でも成功でも経験させることが大切

「子どもが失敗から立ち直れなくなったらどうするのか？」という意見もあります。

もちろん体の欠損とか修復不可能な失敗はさせないほうがいいですが、それ以外のことなら、子どものうちは取り戻せます。例えば、引きこもりもそうですし、全財産を失っても、どうにかなります。むしろ、**子どものうちは、失敗を克服する経験を積ませたほうがいい**です。

失敗を乗り越える力を身につけるには、失敗を繰り返していくしかありません。そして失敗を恐れなくなれば、挑戦の回数が増えます。挑戦する回数が多ければ、それだけ成功する可能性は上がります。たとえ実力があっても挑戦の回数が少ないとチャンスに恵まれません。挑戦は多いほうがいいのです。

経験は成功であっても失敗であっても、とても大きなことです。だからこそ、子どものころからいろいろな失敗をさせて、よく泣いたほうが丈夫な大人になると思うし、親も助けずに見守るべきではないか、と。

それが「絶対に失敗しそうだな」と思うことであっても、です。

第二章

子どもの正しい勉強の向き合い方

親ができないことを学ばせても無駄

「子どもに身につけさせたいスキルは？」と聞かれると、英語やプログラミングと答える人がいますが、両親のどちらかがそのスキルを持ってないと、学ばせても意味がないと思います。

もちろん、英語塾やプログラミング教室に通わせるのもひとつの手ですが、それでスキルと呼べるレベルの能力が身につくかは疑問です。そもそも、子どもが好きでもないことを強引にやらせても、うまくいかずに無駄に終わる可能性のほうが高いです。

例えば、英語はその昔「駅前留学」という英会話スクールが乱立していた時期がありましたが、僕の知る限り、**英会話スクールに通って英語を喋れるようになった日本人は一人もいません。**親が英語を喋れないのに、子どもを英会話スクールに通わせても、「授業が役に立っているのか?」「本当に英語が喋れるようになっているのか?」という判定ができませんよね。

また、通わせるスクールのレベルが低いという問題もあります。以前、プログラマーの友人が自分の子どもをプログラミング教室に通わせたのですが、まったくダメだったそうです。

いわく、教室ではプログラミングの概念を教える遊びをするだけで、プログラムの知識はまったく増えなかったとか。教室への送迎に時間をかけるくらいなら、自分で教えたほうが早いという結論になっていました。

習いごとをするなら「格闘技」一択

万人向けの「これを習ったらいいよ」という正解を導き出すのは難しいですが、強いてあげるなら、格闘技だと思っています。日本の学校では、そのほとんどでいじめが発生します。いじめのない学校はごく稀で、どの学校でもいじめが起きるのが普通です。

いじめの原因や理由は些細なことがきっかけなので、取り除くのは難しいですが、物理的に強ければいじめられる可能性は減ります。なので、格闘技はオススメできるのではないかと思うのです。

体も強くなるし、殴ったり殴られたりするのに慣れてしまえば、大して痛くもありません。何より「どの程度殴り殴られても大丈夫か?」「防御はどうするのか?」の知識を得られれば、ケンカやいじめに遭遇しても、その状況を切り抜けるのが容易になります。

格闘技を習わせても同世代の子どもにまったく勝てない場合もあるとは思いますが、それでも親ができないことを習わせて、無駄に終わるぐらいなら、せめていじめのリスクを軽減し、痛みを知ったほうがよいと思うのです。

子どもの幸せは「勉強しなさい」からは生まれない

知能が遺伝することはわりと知られるようになってきましたが、子どもの将来の収入もかなりの割合で親からの遺伝というか、育った環境に依存するという研究結果が出ています。

アメリカの大学が30年間かけて行った「生活環境によって子どもが将来的に恵まれた生活を送れるか」という研究によれば、貧困層に生まれた子どもが小学1年生から20代後半になるまでを調査したところ、大学の学位を得たのは８００人中28人のみでした。

裕福な家庭であれば教育に使えるお金も多く、高学歴になる確率は高くなります。

そして肉体労働よりも頭脳労働のほうが収入が高くなる傾向はあるので「知能が高い＝収入が高い」ということになり、「低収入の家庭で育った子どもほど学歴が低く、将来の収入が低くなる」というわけです。

このような統計が出ると「低収入の家庭だが、なんとか子どもには稼げるようになってほしい」と考える人もいます。もちろん複雑な事情で低収入に陥ってしまった人もいると思いますが、なかには自分が勉強してこなかった責任や行動をさしおいて、子どもに「勉強しなさい」と強制する人がいます。しかし、これは間違っている気がします。

学習することの面白さをわからず勉強をしなかった親が、子どもに学習することの面白さを教えることができるとは思えません。そういう状況で勉強をさせても「学習するのはツラくて嫌なこと」と子どもが認識してしまうと思うのです。

反面教師的に「いまみたいな苦しい生活を将来したくないでしょ？」と子どもに反

骨心を持たせようとしても、統計的にはひもじい思いをした家庭の子どもの多くは、低収入になるので意味がありません。

子どもの将来を心配する前に親が稼ごう

もし子どもの将来の収入を考えるなら、まずは自分で稼ぐ努力をしない親の問題を解決したほうがいいです。親の収入が増えれば、統計的には子どもの収入も増えるわけですし。

しかし、ここで言っておきたいのは、収入が増えたからといって「幸せになるとは限らない」ということです。

ハーバード大学が75年以上かけて研究しているテーマに「幸せな人生を送る」というものがあります。その研究によれば「身近にいる人たちとの人間関係の質」が幸せかどうかに影響することが統計的に導き出されています。

年収や友人、フォロワー数、どれほどの社会的な権力を持っているかどうかは関係なく、真に頼れる人が傍にいるか、など質のいい人間関係を持っている人のほうが幸せとのことでした。

子どもに幸せになってほしいと願うならば、**お金を稼ぐために「勉強しなさい」と言うよりも、「いい人間関係を大切しなさい」と教えたほうがいい**ということですね。

そう考えると、自分たち（親）がお金を稼ぐのが下手なのであれば下手なりに、家族で楽しく暮らし、子どもが将来幸せを感じるための方法を考えてみるのがいいと思うのです。

子どもの「学ぶ方法」を決めつけてはいけない

子どもが学ぶ方法は、多様化の時代を迎えています。学校や塾、習いごと、親が直接教えるなどさまざまですが、最近はＹｏｕＴｕｂｅの動画を観て独学で学ぶという方法も注目されています。

いまや学習塾もスマホアプリで授業の動画を配信していますが、勉強だけではなく、他ジャンルでもその傾向が出てきています。

例えば、やり投げの世界で「ＹｏｕＴｕｂｅマン」と呼ばれているジュリアス・イェゴというケニアの選手がいます。彼は、自国にいい指導者がいないからとＹｏｕＴ ｕｂｅを観て独学でトレーニングを積み重ね、最終的に世界記録（参考記録）を出して金メダルを勝ち取りました。日本でも、大学生から草野球を始めてＹｏｕＴｕｂｅで技術を研究。その結果、１５０㎞の速球や複数の球種を投げられるようになって、ＢＣリーグの球団にスカウトされた杉浦健二郎という選手もいます。

「いまの自分に何が必要なのか」がわかる頭のいい人は、指導者がいなくても、独学で結果を出すことがスポーツの世界では徐々に見かけるようになってきました。もちろん、生まれ持った身体能力も関係するので、ＹｏｕＴｕｂｅでの独学が好成績に繋がるケースはごく少数ですが、それでも「独学でもなんとかなる」というよいお手本ですね。

それは勉強でも同じことが言えます。そもそも昔から塾には通わず、参考書を読みながら独学で有名大学に入る人がいたように、本来、学習というのは一人でも可能です。環境が整ったいまは、なおさら独学がやりやすいと言えます。

しかし、そのためには「一人で学習するには何が必要で、どうすればいいのか？」

を最初に理解しなければいけません。１００kgのバーベルを持ち上げる最低限の筋力がないのに、技術だけを学んでも１００kgのバーベルを持ち上げることはできないのと同じです。その道順をきちんと教えることが、本当の意味での教育だと思うのです。

そして、その教育において、親ができることは「子どもが持った好奇心を止めない」ことだけです。

親はモチベーションの管理に徹する

とはいえ、子どもの好奇心のままに任せた場合「ゲームや遊びばかりになる」と心配する親もいます。しかし、親がやってほしいことに子どもの興味を向けさせるという考え方自体が間違っていると思うのです。

先に述べたように、結果として子どもが自発的に「学ぶ楽しさ」を知らなければ意味がありません。最初の段階ができていないのに次のことをやらせようとしても、うまくいかないのは当然です。

親がやらせたいことを優先して学ばせようとしても、それが強制されたものであれば**子どもの頭の中では「学ぶ＝苦行」と変換**されてしまいます。結局、何かを続けることができない気がするのです。

少なくとも、上手に教えてくれる動画がインターネット上にあって、独学ができる環境では、親や身近な指導者は**モチベーション管理に重点を置く**ほうが大切です。

本田圭佑が始めたサッカー選手を育成するためのオンラインサービスでは、直接的なサッカー指導は既存のチームに任せています。彼が実施するのはコーチングやアシスト方面など。インターネット時代は、こうした仕組みが増えていくと思うのです。

しかし、時代遅れな日本の教育現場では、独学のアシストやモチベーション管理を、カリキュラムの流れや教師の評価に当てはまらないという理由で拒絶します。頭のおかしい教師の独走かと思いきや、長年、是正されていないところを見ると、日本の教育委員会や文科省が〝そういう考え〟なのでしょうね。

アップデートの時代だからこそ70点の大切さを教える

ウェブサービスを作るうえで重要な考え方のひとつに、フェイスブックを創業したマーク・ザッカーバーグの有名な言葉があります。

「Done is better than perfect.（〝出来上がり〟は完璧よりもよい）」

以前、スクウェア・エニックスが『ファイナルファンタジーⅧ』というゲームを開発した際、バグなどの穴がないように完璧なクオリティで作り込んでからゲームを発売したことがありました。発売後に重大なバグが発覚すると回収騒ぎになり、再度作り直して配布すると巨額の損失を出してしまう、という理由からです。これを聞くと、当たり前のことだと思う人は多いと思います。

ところが、ウェブサービスの時代は、そうではありません。

ウェブサービスは、基本的にいつでもインターネット経由でデータを書き換えられる強みがあります。完璧なクオリティにしてから世の中に出すのではなく、ある程度のクオリティになったら、さっさと世の中に出してしまうのが当たり前です。

会社の業務は大半が「ある程度」でいい

医師や弁護士のように一度実行してしまったら、あとから修正することができないような仕事は別ですが、世の中の会社で行われている大半の業務は、完璧にするよりも、ある程度で納品して次の仕事に移ったほうが売り上げは多くなるものです。

例えば、マクドナルドのビッグマックのバンズにのっているゴマの数は約400個と決まっているそうです。しかし、350でも500でも気にしない人がほとんど。いちいちゴマの数を調べて微調整する従業員がいたら、それこそ効率が悪く人件費がかかって商品価格も上がります。それであれば、大雑把でも安価ですぐに商品を出してもらったほうが嬉しいと感じるお客さんのほうが多いと思うのです。

もちろん完璧を目指すことが悪いとは言いませんが、完璧を目指して手間をかけると、会社にはむしろ足手まとい、と見なされることも多いのが現実です。

完璧なクオリティを目指しノークレームでいくために追加で1000万円の補修費用を払うのと、多少のクレームを覚悟して対応費用100万円を払うのは、ビジネス的にどちらが正解か。正直、答えはありません。

金銭的なことで言えば後者が正解ですが、長期的なブランド価値を考えると前者が正解と言えるからです。

ただ、こういう選択をしない時代に来ているのだと思います。いまはインターネット経由で、リリース後の問い合わせや対応もできます。物流も進化し、昔とコストがかかる場所は変化しているのです。

素早く70点取れたら素晴らしい

こうした「変化」について、教育の場ではまだまだ対応できず、従来型の考え方のままでいる気がします。社会では、すでに「そこにこだわる必要ないよね」ということも、学校教育では完璧さを要求されることがあります。

例えば、学校では漢字の書き順を間違うと注意されます。しかし、社会に出て漢字の書き順を知っていてもほぼ無意味。書道家でもない限り、気にする人もいないのが現実です。

ほかにも「２９７０人のお客さんに３０５０円のチケットを売る」といった会社の

会議で、学校では正確にかけ算で数字を求められますが、会議では「ざっくり900万円です」と大まかに把握し、むしろ進行をスムーズにして、どう売るかを話し合ったほうがいいわけです。

しかし、**いまの社会では「ある程度のクオリティでスピード感を重視している」**という事実を学校では教えてくれません。

学校では、テストで100点を取ることが褒められるので、算数のテストでひと通り解いて時間が余ったら、検算し直して完璧さを求められます。社会に出てからは短い時間で70点を取ることも正解とされるのに、素早く70点を取って検算をしない子どもは叱られるわけです。

当然、クオリティとスピード感の両方を達成できるにこしたことはありませんが、現実は、リソースの問題などから、両方を実現するのは難しい状況がほとんどです。

いまの時代、ある程度のクオリティで早く仕事をこなす能力は才能のひとつであり、それができる人は重宝されます。

これは、社会に出たことのない先生が授業をしている学校教育では教えることは難しく、親が補完して教えるしかありません。

そのためには、子どもがある程度のクオリティで早く勉強をこなした場合にも叱らずに、褒めてあげるとよいと思うのです。

そのうえで、「もうちょっと丁寧にやって点数が上がるともっといいね」とクオリティを上げることを褒めていくと、社会に出てからの対応力が身につくのではないでしょうか。

子どもには「根拠のない自信」を持たせてあげる

「勝ち組」「負け組」という括りがありますが、それはあくまでも客観的なものです。勝ち組と見られているのに不安を感じている人もいれば、負け組と思われているのに根拠のない自信を持って卑屈にならない人もいます。

明らかに、後者のほうが人生を楽しんでいると思うのは、僕だけではないはずです。その根拠がどうであれ「自分は人生の勝ち組だ」と自信を持った人のほうがものごとを楽しく受け止められると思うのです。

そういう自信を子どもにつけてほしいと願った場合、大切になってくるのは日々の些細な出来事の積み重ねです。

例えば、算数が苦手な子どもなら簡単な足し算を何度も繰り返し、「算数とか余裕」と感じたところで、徐々にレベルを上げて自信を持ったまま成長させていく。

社会に出ると、小学生レベルの算数が「できる／できない」の能力差なんて大したことはありません。むしろ、苦手意識を持つことのほうが悪影響を及ぼします。

小さな成功体験で「根拠のない自信」は身につく

さまざまなことを試して失敗を繰り返し、たまにうまくいくのが人生です。自信を持てない人は「どうせ失敗するし、やるだけ無駄」と何かをする前に諦める思考になってしまうので、大人になっても高確率で成功しません。

だからこそ、子どものころから小さな成功体験を積み重ね、**「未知のことこなせそうな気がする」という自信の種を植えつけておく**ことはとても大切です。

そうした子どもに育ってもらうには、簡単なことであっても初めてできたことは褒めてあげることです。「いままでできなかったことができたら、いいことがある」という思考づけをさせ、「失敗が怖いから何もしないほうがいい」と考えさせないよう、失敗を責めずに、根拠ない自信を育んであげることが重要なのです。

「根拠のない自信」がある人は強い

成績がよく勉強に自信のある子どもが東大に行き、周りに自分よりも勉強ができる人しかいなかったとします。すると、その人は「自分には何の価値もない」と自信を喪失することでしょう。いままでの自分の人生を費やしたものは無駄だと感じた瞬間、根拠のある自信を持っていた人は、絶望感を覚えることになります。

しかし、根拠のない自信を持つ人は、絶望感を覚える心配がありません。もともと崩れる自信がないのですから。だから、そういう人は新しい挑戦をしたがります。その回数が多ければ多いほど、成功のチャンスを摑む可能性も高くなるのです。

学ばせるべきは「コミュ力」より「成果を上げる力」

「コミュ力」は社会活動を行ううえで、必要な力だと言われます。だから「子どもに
コミュ力をつけさせたい」と考える親が多いのですが、正直なところ「コミュ力」を
鍛えても仕方ないと思うのです。

本来、コミュ力とは、コミュニケーション能力の略。「伝達する能力」のことです。
そういう意味では、コンビニで働く外国人は、母国語以外に日本語を喋りながら仕事
をしているので、コミュ力は大卒の日本人よりも高いと言えます。

こういう話をすると「いや、コミュ力とはそういう意味じゃないんだよ……」と言

ってくる人がいます。では、その人が言う「コミュ力」とは何か。それは上司が間違っているときでも指摘せず、**空気を読んで黙って命令に従うような「振る舞い力」**、言い換えると、単なる「我慢強さ」です。

上司や取引相手を不快にさせない、空気を読んだ「我慢強さ」を持った人というのは、経営者からすると、文句を言わずに働く、スゴく便利な人ということになります。

ただし、我慢強いだけの人は日本の学校教育によって大量生産されるので、世の中にはいくらでも代わりがいます。

日本の学校教育では、漢字の書き順や古文・漢文を丁寧に教えるなど効率を度外視し、子どもの得意な分野を伸ばすのではなく、不得意な分野をなくした子どもの学歴が高くなるシステムをとっています。

極端な話、優秀な数学者は国語や社会の点数が0点でもいいはずですが、日本ではその成績だと国立大学には入れません。

何かに秀でた能力があるよりも苦手なことが少ない人のほうがいい教育を受けられることになり「苦手をどう克服し、我慢するか」が大切になってしまうのです。

コミュ力で給料が上がったのは昔の話

いま、僕はフランスに住んでいますが、若いころはアメリカ留学も経験しているので、2か国の教育事情を多少は知っています。

それらの国を比較して思うのは「自分の意見を言わないで黙っているのが、いい生徒」という教育をしているのは、日本や東南アジアだけです。

欧州は、ナチス・ドイツの影響もあって、たとえ少数派でも間違っていると思ったら「間違っている」と言い続けなさいと教え、自分の意見を言わないことが正しいとは決して教えません。

逆に、アジアは儒教の影響があるせいか「高齢者を敬う→高齢者は正しい→高齢者に従うべき」と考えます。正しさよりも礼儀作法を重視する結果、「年上や役職が上の人には、黙って従うのが正しい」となるわけです。

本来であれば、コミュ力よりも仕事を理解して素早く終わらせて、成果を上げる能力のほうが大切ですが、いくら仕事ができても我慢する力がないと「コミュ力が足りない」とか言われてしまうのが、いまの日本の世の中です。

しかし、俗に言う「コミュ力」を向上させても、給料が上がるわけではありません。年功序列で給料が上がっていった時代はコミュ力で出世できたかもしれませんが、いまの日本企業では上司の言うことを聞いてるだけで給料が上がるような、安定した会社は少ないでしょう。

業績が悪化した会社では、我慢強く言うことを聞く「コミュ力の高い」人よりも、成果を出して会社に貢献してくれる人のほうが重宝されるのです。

コミュ力は敵対する相手には役に立たない

僕が親なら、俗に言う「コミュ力」を鍛えてもしょうがないと教えます。「従う能力や我慢する力」ではなく、意思疎通が円滑にできる能力を身につけさせたいと思う人もいますが、そもそも円滑というのも難しいです。

例えば、提案内容に相手が好意的、かつやりたいことであれば、ある程度の「コミュ力」があれば、誰が交渉してもだいたいうまくいきます。逆に提案内容に相手が敵対的、かつやりたくないことであれば、交渉力が必要です。円滑に話を進められなかったとしても、結果を得ることが大切になります。

つまり、結果を出すには友好的な関係か、お金で解決するか、はたまた別の魅力を提供するのか……さまざまな交渉手段を持つべきであって、円滑に話を進めるための「友好的」というカードしか持ち合わせてない人は結局、成果にたどり着きにくくなります。

俗に言うコミュ力を鍛えるくらいなら、本来の意味である伝達能力を高めたほうがいいと思うのです。そのために外国語を覚えたり、相手の表情を読み取る能力を磨いたりしておけば、母国語が通じない社会でも生きていけます。

ちなみに、相手の表情を読み取る能力は、日本ではあまり知られていませんが、「Micro Expression Training」と英語で検索すると、たくさんの方法や動画が出てきますので、そちらを見てみるといいと思います。

「やる気なんてない」子どもの前提を理解する

親は、子どもに期待するものです。

自分は勉強が嫌いであまりしてこなかったにもかかわらず、「子どもにやる気を出させる方法はないか？」と考える親もいます。しかし、子どもにやる気を出させる万能な方法などというものはありません。

子育て本のなかには、「上手なやる気の出させ方」みたいな書籍もありますが、それは雨乞いと一緒。雨乞いで雨が降った人は雨乞いのおかげと思い込みますが、実際は雨乞いをしても雨が降らないことのほうが多いです。

もし子どものやる気の出し方が確立していれば、世界中の教育学部で教科書になっていて全学校で導入され、みんなが高学歴になっています。しかし、実際になっていないことを考えると、「答えはない」ということなのですね。

そもそも、子どもにやる気を出させること自体が難しいわけですから、大前提として、子どもに「やる気なんてものはない」ことを頭で理解することから始めたほうがいいと思います。

「やりたくないこと」に理由を与える

物事は「やりたいこと」「やりたくないこと」「どうでもいいこと」の3つに大きく分類できます。この「やりたくないこと」に多くの子どもたちは勉強が入ってくるのですが、**勉強をやらせるには理由づけが必要**です。

社会人であれば、給料という対価があるので、やりたくないことも受け入れられます。子どもの場合でも「やりたくないこと」の対価が必要になってくるわけですが、それが報酬なのか、恐怖なのか、罪悪感なのか、希望なのか……子どもの反応を見ながら、メリット・デメリットを巧みに使いわけなければいけません。

例えば、「Jリーガーになりたい」という子どもが毎日ランニングを続ける理由は、「Jリーガーになった自分」という希望を描く場合もあれば、監督に怒られるという恐怖や、親に褒められることを理由にする子どももいるでしょう。

僕も親の立場で子どもにやる気を出してほしい状態になったら、飴か鞭の判断をすると思います。

やりたくないことをやらせる〝理由づけ〟は子どもの性格で違ってきます。親は我慢強くこれらを地道に試していくしかないと思うのですね。

頭のよいほうの親が子どもの勉強を見たほうがいい

子どもの学歴には親の収入、与える教育環境などに比例するものですが、遺伝も大きな要素です。文部科学省が毎年実施している「全国学力・学習状況調査」に付随した保護者向けのアンケート調査で、それが明らかになりました。

過去2回行われている同アンケートによれば、父親の学歴よりも母親の学歴のほうが子どもの学力への相関性が高いというデータ結果が出ています。両親の学歴が高ければ子どもの学歴も高くなるのは言わずもがなですけど、母親のほうが、関係性が高いことがわかりました。

また、「単身赴任している親の子どもは成績がいい」説が唱えられることがありますが、単身赴任するような人は大企業に勤めていることが多いので、遺伝で説明ができます。しかし、父親が単身赴任しているほうが子どもの成績が高く、母親が単身赴任しているケースでは子どもの成績は下がるというデータ結果もあるのです。

これらを考えると、「学歴の高い母親が子どもと接している時間が長いほど、子どもの学力が高くなる傾向がある」と考えられます。

こうしたアンケートの結果を出すまでもなく、子どものそばにいるほうの親が勉強のやり方や努力のし方、規則正しい生活を教える環境をつくれば、きちんとした子どもになるのは至極当然ではあります。

つまり、子どもが宿題なり勉強なりを一人で自分を律しながらできるようになるまでは、親のサポートはかなり重要ということが見えてきます。それを**頭のよいほうの親がやったほうが効果的**ということです。

幼少期のイタズラできる環境が子どもを伸ばす

記憶力や判断力や計算能力といった数値化しやすい学力＝認知能力だけではなく、最後までやりきる忍耐力、他人に自分の意思などを伝えるコミュニケーション能力、すぐに怒ったりしないように自分の感情をコントロールできる能力といった「非認知能力」も、子どもが幸せに生きていくには大切な能力です。

２０００年にノーベル経済学賞を受賞したジェームズ・ヘックマンというシカゴ大学の特別教授は、非認知能力の身につけ方について、このように述べています。

「5歳までのしつけや環境が、人生を決める」

認知能力は時間をかけて勉強すれば上げていくことができますが、非認知能力を育てるには0~5歳までの環境がかなり重要だと言うのです。

その年齢の子どもは好奇心を持って、好き勝手に行動します。例えば、ティッシュペーパーを全部出してみることでティッシュペーパーの構造を理解したり、そのティッシュペーパーを細かくちぎって手先を細かく動かせるようになったり。ときには、危険な行動でケガをし、親を心配させるものです。

しかし、そうした「痛い思いをする危険なこと」「壊したら元に戻らないこと」を通じ、自分の行為による結果を見て、物事を学んでいきます。つまり、子どもはイタズラを通じて、非認知能力を学習しているのです。

危険なことも多いので、親がつきっきりで見てあげられればいいのですが、実際はそんな余裕もない状況が多いでしょう。しかし、この時期に「危ないから」「忙しいから」と子ども用のケージに入れっぱなしの環境に置いて、好奇心を満たしてあげることができないと、自ら学習することをやらない受動的な子どもになってしまう可能性があります。

育休取得したほうが将来的に安上がり!?

0～5歳ぐらいまでのたった数年間の影響が、その後の長い子どもの人生に大きく影響するのであれば、子どもが小さいうちはどちらかの親が寄り添ってあげる時間を、少しでも長くつくったほうがいいと思うのです。

もちろん共働き世帯ではなかなか難しく、育休取得が難しい会社に勤めている人もいるでしょう。しかし、もらえる給料が下がって将来的なお金の不安があるとしても、子どもと一緒に過ごしたほうがいいと考えます。

結局、子どもの非認知能力が育たないほうが、お金はかかります。大人になっても引きこもりになって社会に出て働くこともできなくなるケースもあって、さらに、お金以上に大変なことになるケースもあるわけです。

２０１９年に、東大卒で元農水省事務次官まで上り詰めたエリートが、引きこもりの息子さんを殺害する事件がありました。親はなんとか社会復帰させようと息子さんが描いた同人誌をコミケで売る手伝いなどをしていたそうですが、最後には手に負えなくなってしまい、自分の手で息子を殺してしまったのです。

ちなみに、その息子さんは偏差値70超の私立中高一貫校に通っていたので、認知能力は高かったと思うのですよね。

そう考えると、子どもの認知能力だけを上げる努力だけではなく、非認知能力を上げる「イタズラできる環境」を幼少期につくってあげることは、とても大切なことなのです。

暗記教育に時間をかけても「微妙だな」と思う理由

暗記型の試験で成績が決まる日本の学校教育では、いまだに暗記偏重が続いています。

大学受験の歴史問題で年号をストレートに聞くことは少ないですが、暗記をしていれば点数がとれる試験が多いのも事実です。だから、学校の先生も暗記を重視しますし、暗記以外の要素が必要な問題は作成も採点も面倒なので、どうしても暗記偏重になりがちです。

もちろん、暗記のし方を工夫するために知恵を絞って試行錯誤する行為は、社会に出て役立つことはあります。しかし、覚えた内容は大概、役に立ちません。

歴史の年号などはあとから新事実が発見されて、ころころ変わります。僕が習った大化の改新は645年ですが、いまの教科書には「646年」や「645〜650年くらい」と説明されています。教育を受けた時期で答えが変わるものを、無駄に暗記しているわけです。

「苦行に耐える力を身につける」根性論的な発想もあるかもしれませんが、それなら英単語を暗記させたほうが役に立ちます。

暗記するなら「ネット検索」すればいい

そもそも、インターネット時代に暗記で解決する問題は、「ネット検索のし方」をきちんと教えれば、ほぼ困らずに解決できます。

東京大学大学院情報学環の特任准教授が信頼できるサイトの見分け方を間違って解説しているように、「正しい検索の仕方」をきちんと教えられる人が少ない日本の現状はありますが、**暗記は時間の無駄という時代に突入**しました。

僕は日本とアメリカの大学の両方に通っていたのですが、日本の授業はペーパーテストが多いのに対し、アメリカの大学ではレポート提出が中心です。指定される書籍も「こういったジャンルの本を読んでこい」とだけ言われるので、図書館で書籍を探すだけでもひと苦労ですが、自分で調べまとめる力は、社会に出たあとも役に立っていると思っています。

日本の学校でも、これを真似しようと努力している先生はいます。しかし、先生の評価基準が「生徒の成績がいいか？」であって、「生徒のその後の人生に役立ったか？」ではないので、ごく少数です。

アメリカには「スマホがあるから」という理由で、かけ算の暗算ができない人が意外にいますが、日常生活では困っていません。スマホやネットが当たり前の時代だからこそ、僕が親なら「暗記教育に時間をかけるのは微妙」と感じると思うのです。

9割の子どもは平凡だから宿題はやったほうがいい

「宿題をやる必要はあるのか？」

そんな議論が、サッカー元日本代表の本田圭佑選手のツイッターへの書き込みをきっかけに起こりました。

本田選手は「他人の宿題を写すだけで無駄だった」ともコメントしたのですが、これに、同じサッカー選手の武藤嘉紀選手が「本田選手がこう言ってるんだから宿題はやらなくていいんだ、と考える子どもが増えるのがよくない」とコメントしたのです。

賛否両論が飛び交い、議論は白熱したわけですが、僕はこの問いはどちらも正解で、どちらも不正解だと思っています。

日本の義務教育では基本的にすべての子どもが同じ勉強をするので、それを経験した大人たちもまたひとつの方法を選ぶ傾向にあります。しかし、本来子どもには、それぞれ才能や個性があるので、その個性に合わせて教育方針を決めたほうがいい。「宿題をやる必要があるのか?」にしても、トップを目指すのか、底辺でもなんとか生きていけるレベルでいいか、で教育のし方は違って当然なのです。

例えば、小学校でかけ算の宿題が出たとします。中学校で習う二次方程式が解ける小学生にかけ算の宿題をやらせても時間の無駄ですが、かけ算がわからない子どもにとっては、その宿題は意味があるわけです。

いまや世界中がインターネットで繋がっていて、海外との交流が簡単にできる時代、これからの子どもは、世界の優秀な人たちと戦わなければいけません。優秀なエンジニアであれば、日本人であってもグーグルやマイクロソフトなどの海外企業に就職して、世界中から集まる優秀な人たちと切磋琢磨していくことになります。

海外では学校に飛び級のある国も多く、優秀な学生はどんどん前倒しで勉強して伸びていきます。世界のトップレベルを狙うのであれば、優秀な子どもは学習の遅い子どもに合わせて宿題をしていても、時間の無駄でしかない。どんどんその才能を磨いて世界を目指したほうが、うまくいくと思うのです。

たしかに、宿題には、忍耐力を身につけ、周りと調和を取るといった側面もあります。しかし、才能のある人は忍耐力をその分野の中で勝手に身につけますし、周りとの調和を優先すると、特化した才能を伸ばせません。凡人になってしまうリスクがあります。

だから、本田選手のようにサッカーの才能が卓越していれば、宿題をやらずにサッカーで世界を目指したほうがいいので「宿題をやらなくてもいい」という考えは正解なわけです。

9割の子どもにとって宿題は必要

一方、武藤選手のコメントは、将来生きていくためにセーフティに底辺でも生きていけるようにする子どもへの教育方針としては正解です。

こちらの場合、宿題はかなり大切になってきます。かけ算や割り算などができないと、社会に出てからいろいろと困りますし、宿題は子どもの理解度を先生が確認するという役割も担っています。宿題でできていなければ、先生が子どもにもう一度教えてあげればいいわけですから。

また「うちの子どもは頭がいいから、宿題しなくていい」というのも違います。子どもの場合、小中学生までは身体的な成長の速度に個体差があって、将来的にどうなるかわからない部分が大きいのです。ちょっと成績が優秀だったり、勉強以外で秀でた何かがあったりするからといって、早急に宿題をやらなくていいと判断するのは危険です。

研究者のなかには、高校生くらいまではパッとしなかったのに、大学に入ってから妙に成果を上げるような晩成型の人もいます。晩成型かもしれない子どもが「勉強に向いてない」と思い込み、将来を捨ててしまうともったいないので、きちんと宿題をやらせて、勉強に遅れが出ないようにフォローしてあげることは重要です。

親は、子どもにトップを目指す教育をしたがるものですが、**世の中の9割の子どもは平凡な能力しか発揮できずに人生を終えます**。そう考えると、ある程度までは宿題をやるほうが安全だと思うのです。

ちなみに、僕は家に帰ると、宿題の存在を完全に忘れる子どもでした。だから、宿題は学校の休み時間に終わらせていました。でも、休み時間で終わらないと宿題を忘れるので、先生に怒られていましたが……。

夏休みの宿題の中には
やらなくていいものがある

「宿題の必要性」を前ページで述べましたが、子どもたちにとっての大問題、夏休みの宿題についても「やる必要があるのか？」との議論がしばしば話題になります。

僕は夏休みの宿題を8月31日に開始して、9月になってもやっている子どもでした。提出する授業に「間に合えばいい」という考えからですね。


さて、夏休みの宿題についてですが、僕が親なら、子どもが「夏休みの宿題をやりたくない」納得できる理由を述べられるならば、無理にやらせないと思います。

もちろん宿題をやらなければ、子どもは学校で怒られます。僕は怒られることは悪いことではなく、むしろ、**子どものうちに怒られ慣れていたほうがいい**と思っています。社会に出れば理不尽に怒られることもしばしば。下手をすると、うつ病になってしまう人もいるわけですが、怒られ慣れているとそのリスクも軽減できるはずです。

僕は「9割の子どもは平凡なのだから宿題をする必要がある」と前述しました。なのに、夏休みの宿題は無理にやらせなくてもいいとは矛盾していると思うかもしれませんが、そもそも宿題には、子どもにとって必要なものと不必要なものがあります。そして、夏休みの宿題はだいたい不必要なものが多いのです。

例えば、読書感想文。面白い本を読むことは楽しいですし、本を読む習慣が身につくことはいいことです。

しかし、宿題として読書感想文を出されると、子どもは読書感想文を書くことが億劫《おっくう》になり、本を読むことを躊躇《ちゅうちょ》してしまいます。しかも、面白くも興味もない課題図書が決められていると、読書はつまらないという感覚だけが身についてしまいます。

絵日記や自由研究も不必要な夏休みの宿題に該当します。自発的に自由研究ができる子どもは何も言わなくてもいいものを出してきますが、できない子どもは当たり障りのないものを出し、それが翌年によくなることも特にありません。つまり、どの子どもにも意味がないのです。

逆に、必要な夏休みの宿題はかけ算の九九を解くとかです。宿題を出すことで生徒の習熟度を教師が測れ、その後の授業で遅れないようなサポートすることもできるわけですが、**絵日記や読書感想文は習熟度も何もありません。**

おそらく学校側は、この無意味な宿題で机に向かう習慣をつけさせたいのだと思いうのですが、机に向かう習慣のある子どもは宿題が出なくても机に向かいますし、僕みたいな子どもは夏休みの最終日にやるだけ。その意味でも、失敗しているわけです。

宿題代行を使うとお金で解決する子どもになる

学習は、できないことをできるようにするためのものですが、夏休みの宿題は忍耐力という日本人が尊びそうな目的で出されているので、無意味なものが多いです。

そのような状況もあってか、最近は宿題代行なるものが存在し、メルカリで読書感想文が売られています。それを親が依頼・注文するようですが、これに関しては、僕が親なら反対します。

宿題だけに限った話ではないですが、金銭で問題を解決する癖をつけるのがよくないからです。ただ、子どもが自力で、自分の代わりに宿題をやってくれる人を見つけてくるのはアリです。それは自分の力で問題を解決した、と僕は思います。

「宿題を代わってもらうこと自体が問題。代行であろうと、親であろうと、友達であろうと、あたかも自分でやったかのように嘘をつくように教えるのはよくない」

そういう声もあります。しかし、漢字をひたすら1ページ書かせる意味のない宿題をやらせる大人を、子どもがうまく翻弄できるならば、それはそれでよくないですかね？　僕は嘘も方便と思ってしまうわけです。

闇雲にレベルの高い環境で子どもを教育してはいけない

教育の話をすると根性論を振りかざす人が多いです。たしかに根気は必要ですが、科学的知識があったほうが効率的な成長を促せます。

昭和や平成の時代、運動部ではトレーニングを欠かさず、長時間やるのが正しいという考えがありました。しかし、科学的には筋肉を成長させるには休息が必要で、栄養素をきちんと取らないと筋繊維の成長に繋がりません。

加えて、ある程度の基礎スキルを身に付けたあとは、闇雲に体を動かすのではなく、イメージトレーニングが重要であると言われています。ある程度大人になってからイメージトレーニングをしても、うまくいかないこともありますが、子どもの場合は重要なトレーニングです。

子どもの脳は大人の脳と違って成長中なので、**難しいことを続けると脳が簡単に処理する回路をつくりあげようとしてくれます。**

例えば、英語のLとRの聞き分けは、基本的には子どものときに意識しないと音を処理する機能が脳につくられなくなると言われています。つまり、子どものころの環境が、身につく能力に影響してくるということです。

そんな話があるからか、「子どもをレベルの高い環境に放り込んだほうがいいのではないか?」と考える人がいますが、あながち間違いではありません。

先の脳の話からすると、レベルの高い環境に放り込み、ある程度しがみついた状態でも継続できるのであれば、脳が育つことに繋がるからです。

例えば、時速120㎞のボールを打つ練習を続けると、時速100㎞の球が遅く感じて打ち返せるようになるそうです。小学生のころは40分の授業を長く感じたのに、中学生になり60分授業に慣れると40分が短く感じるのと同じです。

高度な環境に居続けると、脳の「普通とは何か？」を判定する基準が上がる。その基準以下のレベルのことを安易に感じ、リラックスして挑むことができるようになるわけです。

だから、子どもがしがみついていけるのであればレベルの高い環境に入れたほうが成長は促せます。

ついていけない理由は「能力」か「根気」か

ただし、いくらレベルの高い環境がいいからといって、能力的な部分でついていけないのに、根気のみで挑戦させ続ける環境に放り込むのは危険です。

やっていることのやり方がわかる程度、せめて30%ぐらいは理解できる環境なら、なんとかなると思いますが、教えても100%わからない状態だと、その環境にいる意味はありません。

イタリア語もわからないのに、イタリア語の宗教哲学の授業に放り込んでも、理解できません。もう少しレベルを下げれば身につけられたスキルすらも手に入らず、無駄な時間を過ごしてしまうことになってしまいます。

「子どものため」と闇雲にレベルの高い環境に放り込むのではなく、しっかりと大人が「なぜ子どもがついていけないのか?」を細かく切り分けて原因を考える必要があります。ついていけない理由が「能力」なのか「根気」なのか、きちんと見定め、相談に乗ってあげることが大切だと思うのです。

子どもに習いごとを上手にやらせる方法

学校以外にもいまの子どもたちは、たくさんの習いごとをしているものです。周りがいろいろな習いごとをしているものですから「習字を習わせたほうがいい」「体操をさせるといいよ」などと勧められるものですが、**真に受けないほうがいい**です。

本人が望んでいない習いごとをやらせても〝嫌なこと〟としか認識せず、子どもはすぐにやらなくなるので無駄です。子どもの意思や性格や趣向を無視した習いごとの〝押しつけ〟はよくありません。

なので、まずは、子どもがその習いごとを自発的に楽しめるかを確認する必要があるわけですが、僕が親なら習いごとの無料体験教室や「キッザニア」のような職業体験施設で、いろいろと試すと思います。

ただし、ここで注意しなければいけないのは、無料体験で子どもが嫌がったから「向いてない」と判断するかどうか。例えば、体操教室の無料体験をさせて嫌がったとしても、実際は「体操教室自体が嫌い」ではなく、「たまたま別にやりたいことがあった」という可能性があるわけです。

そもそも、子どもはその場だけの刹那的な判断で動きます。自分は何が好きで何が嫌いかを理論的に判断することもできません。そのため、親は〝子どもは気まぐれ〟と理解しつつ、余裕を持って子どもの向き不向きを見極めていく必要があります。

親がやらせたい習いごとはどうする？

とはいえ、親が子どもにやってもらいたい習いごとというのはあるものです。

例えば、ピアノをやってほしい場合、子どもにピアノを楽しいと思ってもらう必要があります。そのためには、親が楽しそうにピアノを弾いていることが何よりも大切です。子どもは親がやっていることを真似したがる生き物です。その結果、周りの子どもに比べてピアノができるようになると、それが自信になって自発的に練習するようになる可能性があります。

それでも乗り気にならない子どもに「これをやったらお菓子をあげる」というご褒美制度を導入する人がいますが、僕はこれには弊害があると思っています。

例えば、ピアノ教室に行く前の練習にご褒美をあげると、子どもは「ご褒美がもらえるからピアノをやる」と認識します。すると、ほかの行為は「ご褒美がもらえない無駄な行為」という認識になってしまうので、よくありません。

ご褒美制度を導入するなら「練習したから」という日々の出来事ではなくて、発表会など不定期なものへの努力の結果に、ご褒美をあげるほうがいいと思うのです。

海外留学は「語学」よりも「文化」を学ぶ

僕は大学生のとき、タクシーにはねられて得た治療費を費用に充ててアメリカの大学に留学しました。この選択は、いまでも正しかったと思っています。

留学したおかげで英語がそれなりに話せるようになったのはもちろんですが、何よりも海外での生活や文化に触れることで、日本人視点を持ちながら外国人視点を持てるようになったことは大きいです。

人口減少が進む日本は確実に経済規模も縮小していくので、世界を相手に外国語で仕事をする必要が出てきます。そのことに気づいている人も多いからか、最近は「子どもに外国語を学ばせたい」と考える親は少なくありません。僕の知り合いでも、子どもをインターナショナルスクールに通わせたり、海外に留学させたりする親が増えています。

とはいえ、インターナショナルスクールに通わせても、外国語や外国の文化が学べるかどうかは微妙です。経験上、**言語というのはその国で生活せずに話せるようになるのは相当大変です**。僕の周りでも、海外で生活せずに外国語を話せるようになった人は一人もいません。

短期留学はまったく意味がない

そういう意味でも、海外留学したほうが早いし安いのですが、1~3か月の短期留学では、旅行と変わらないので意味がないと思うのです。

もちろん、何十回と海外旅行をしている人は別ですが、短期間の留学レベルで語学とその国の文化を理解することは難しいです。短期留学や旅行では、その国の表面的な部分しか見ることができないのです。

旅行者は、どこへ行ってもお金を落とす客でしかありません。本当の意味で、その国の文化に触れるには、ある程度の要求を、お金を使わずに通すくらいでないと理解できないと思うので、それを実現するには一定期間、海外で生活する必要があるわけです。そして、海外生活や留学を意味あるものにするために、その国の友達をつくることが重要になってきます。

もちろん、普通の生活水準で子どもを長期で留学させるのはなかなか厳しい現実があると思います。しかし、いまはアジアなら欧米に短期留学させる費用よりも安く留学できる国もあります。

本当に意味のある留学にするならば、日本語が通じない国で、少しでも長期間行かせられる費用の安い国を選ぶのがいいと思うのです。

第三章

子どもとお金とインターネット

お金は正しい使い方ではなく、間違った使い方を教える

子どもに「お金の使い方をどう教えるべきか？」という悩みは、答えが決まってないだけに、教えるのはなかなか難しいものです。

大人になっても必要以上に生活費を上げてしまって借金を負い、その返済と生活維持のために働き続けるといった、お金の使い方に失敗している人はたくさんいます。しかも、そうした大人の多くがおかしなお金の使い方をしていることを自覚していないわけですから、子どもにお金の使い方を教えるのは難しいと思うのです。

お金の定義はいろいろありますが、僕は大抵のことが解決できる便利なツールぐら

いに思っています。

法律関係で困れば弁護士を雇えばいいし、投資で困ればファイナンシャルプランナーを雇えばいい。掃除をしたくないならメイドさんを依頼し、料理がしたくないときは外食すればいい。これらはお金があればすべて解決できます。

しかし、お金の価値観は国や文化、状況で大きく変わります。

例えば、シンガポールや台湾都市部では女性が家で料理をするよりも、その時間を使って仕事をして稼いだほうがいいと考えるのが一般的な感覚ですし、経済的にもメリットがあります。それが日本だと、女性が家庭のことをするという価値観がいまだ根強いので、「女性なのに料理もできない」などと見られがちです。

アメリカでも女性大統領候補になったヒラリー・クリントンが「家庭でクッキーを焼くのは私の仕事ではない」と発言したら主婦層から嫌われていました。

また、昭和の時代は額に汗して働くのが普通で、株式投資など「お金をいじって暮らすなんて……」という考え方が主流でした。しかし、最近は政府が投資を推奨しているくらい価値観に変化が生まれています。

そう考えると、子どもに「どんなお金の使い方が正しいのか？」と個別具体的に教えても、その子どもが社会に出るときは価値観が変わっているかもしれないので、教えても意味があまりありません。

では「お金については教えられないのか？」となりますけど、お金の正しい使い方を教えるのは難しいですが、〝間違った使い方〟は意外と簡単に教えられるものです。ソシャゲに10万円を使った……とか、お金の間違った使い方は、周りから見てもアホだなあと思えるほどわかりやすいですから。

そもそもお金を持たせないのが一番

それでも、子どもはお金を持ってしまうと、間違った使い方をしてしまうもの。ならば、いっそのことお金を持たせなければいいだけの話です。子どもがお金を欲しがったら、お小遣いではなく「必要な理由」を聞いて渡すほうがよいと思うのです。

お小遣い制はお金のやりくりを覚えるという考え方もありますが、自分で稼いだわけでもなく、毎月もらえるお小遣いで、やりくりを覚えさせるのは難しく、お金の使い方を間違えても、失敗だと認識しない可能性があります。

また、家の手伝いをした際にお小遣いをあげるのも、ほかの人のためにやることを「お金のため」にするのはと考えてしまうようになるので、よくないと思うのです。

僕は高校生になるまで親からお小遣いをもらうのがあまり好きではありませんでした。親に頭を下げるのが嫌だったというのもあったのかもしれませんが、とにかくお金はまったく持っていませんでした。

ゲームセンターに行っても友達からお金をもらってゲームをし、当時、流行っていたビックリマンシールも友達から要らないシールをもらい、それを交換してレアシールにたどり着く。いまでも外食はオゴってもらうのが当たり前なのですが、当時からそうだったのですよね。

そもそもお金を持っていなければ「お金をどう使うべきか？」と考えることすらないわけで、僕はその状態のまま育ちました。

お金を使わないで生活する術を子どものうちから覚えていくと、**本当に必要なものだけにお金を使うという判断力が身につきます**。

とはいえ、似たような生活環境の人にあまり会ったことがないので、ほかの人に勧めても実践可能なのかどうかはわかりません。オゴられることに引け目を感じることがまったく無くなってしまう可能性もありますので……。

お金持ち以外は子どもに金融教育をしても意味がない

教育関連の書籍や記事を読むと、お金の教育について、将来お金で困らないようにしようということが書かれています。

世の中には「リボ払い」という計算ができない人が使う仕組みがあります。毎月の支払い額は減るものの借金の元本はなかなか減らないので、お金を貸す側からすれば、リボ払いを選択する人は利子を払い続けてくれる〝オイシイ〟お客様ということになります。

しかし、頭の悪い人は「毎月1万円を払うだけでモノを買える」という意味不明な思考になります。借金の利息だけを払い続けてやり過ごしている人と同じ考えですね。

こういう考えになる一因に、子ども時代の「お小遣い」という定期的にお金がもらえる制度があると思うのです。

お小遣い制が恒常化すると、借金だと理解しつつも「毎月入ってくるお金のなかで支払えているから問題ない」と考える癖がついて、結果、利子がついて最終的にいくら払うのか？　を計算せずに、その場しのぎのリボ払いを選択してしまうのだと思います。

もし不定期にお小遣いを与えるようにすれば、手元にあるお小遣いでやり繰りを考えます。たしか、麻生太郎財務大臣が育った麻生家ではお年玉しかない家庭だったと思うのですが、年に一度しかお金がもらえないのであれば、よっぽどお金のことを考えて計画を立てなければいけません。

人は失敗から学べる動物なので、子どものうちにお金で失敗させる方法もあるとは思いますが、お金に関しては、借金を何度も繰り返すなど失敗から学ばない人も多いので、リスクのほうが高いです。

お金のない人が投資を教えても非効率

それならば、お金の仕組みや金融教育をやるほうがいいという意見もありますが、これも投資を理解していない親が「FXは儲かる」などと表面的なことを言ってしまいがちなので、リスクがつきまといます。

しかも株式投資や不動産投資などは、利回り2%という条件だと、資産が100万円しかない人は年2万円の利益にしかなりません。当然、毎年利益が出るとは限らないし、損をすることもあり、それに時間とお金を使うのはどうかと思うのです。それなら、資格の勉強をして、将来的に資格手当とかがもらえる仕事について昇給を狙うような教育をしていったほうがよっぽど確実です。

そもそも庶民が手に入る情報でできる投資は、たかが知れています。お金持ちのように証券会社の人から有力な新規公開株の話を持ちかけられたりはしません。

投資では基本お金持ちに勝てないのが現実です。子どものころから**金融について勉強させるよりも、ある程度稼げるための教育を施す**。そして、稼げるようになってお金を貯めてから投資をするようにしたほうが効率はいいし、失敗したときの痛手も少ないです。

せめて1000万円くらいの現金が用意できて、子どもに「これで勉強しなさい」と渡せるような人でないかぎり、金融教育をさせても無駄でしかないのです。

子どもに「裕福な家庭」と思わせないほうがいい理由

どんな親でも「子どもに不自由な思いをさせたくない」と思うものです。

しかし、何不自由なく育てたからといって、それが子どものためになるかというと、ちょっと微妙な気がします。

実際に、何不自由なく育てられた元事務次官の息子（当時44歳）が最終的にニートのネトゲ廃人、いわゆる〝こどおじ（子ども部屋おじさん）〟みたいになった結果、親が将来に絶望して殺してしまう事件も発生しています。

もちろん裕福なら、いろいろなことを子どもにしてあげることはできます。ただ、裕福にもさまざまなパターンがあって、場合によっては子どもにとって弊害になることもあると思うのです。ちなみに、僕はいままで見てきた「裕福な子ども」は、以下の３つのパターンでした。

①親が事業を起こして裕福になった
②もともと裕福な家系で育った
③子どもの感覚的には裕福だけど、実は大して裕福ではない

それぞれ子どもが受ける影響はまったく違います。

①の「親が事業を起こした」パターンの子どもは、タレントの子どもみたいに覚せい剤を使用して何度も捕まってしまう人がいて、親のコネで就職したけど窃盗で捕まるなど微妙な人生を歩む人がいます。

もちろん、子育てに成功している人も多くいますが、やはり仕事が忙しいので、子どもと一緒にいる時間をつくってあげられず、子どもにお金を渡すだけの育て方をしてしまう。親は事業を成功させる才能もお金の使い方もわかっているのに、これだと子どもの金銭感覚はおかしくなってしまいますよね。

次に②「もともと裕福な家系で育った」パターンですが、家が裕福であることは知っているものの、金銭感覚がしっかりしている子どもが多いです。

理由としては、代々裕福な家系の親がその状態を続けようとすることと、裕福な家系の知り合いが周りに集まるので、その子どもは自然と立ち居振る舞いや家系を維持するための処世術を学んでいくのだと思うのです。そのなかで、金銭感覚も自然と身についていくのでしょう。

そして、厄介なのが最後の「子どもの感覚的には裕福だけど、実は大して裕福ではない」パターンです。

例えば、小学生なのに毎月1万円のお小遣いをもらえる家庭だと、子どもは自分の家が裕福だと勘違いしてしまいます。しかし、大人になるにつれて実態がわかってくる。母子家庭でお母さんが水商売や性風俗で働いていた、なんて話もありました。

親が事業を起こしたパターンと同じで、親が忙しいうえに、このパターンは実際のお金には余裕がない。「子どもにはそんな思いをさせたくない」と、平均以上のお金を渡してしまった結果、子どもがまともな金銭感覚を持たないで育ってしまうのです。

子どもの世界にお金は必要ない

前述のどんなパターンであれ、「子どもに不自由な思いをさせたくない」という親心は、子どもに悪影響を及ぼしかねません。親がお金を毎回出していると「社会人になって働くより親からお金をもらったほうがラク」「無駄遣いしても遺産がある」と考えてしまいがちです。

そもそも、子どものコミュニティの中で、裕福であると見せるメリットはあまりありません。せいぜい「おもちゃ自慢ができるかできないか？」程度の差で、子どもというのは、お金を使わなくてもいろいろな遊びを自ら見つけ出せます。

にもかかわらず、**親が子どもに裕福と感じさせるのは、親が自慢したいだけ**なのではないか、と思ってしまうのです。そして、それは本当に裕福な家庭よりもむしろ、裕福でない人のほうが、傾向が強いと思うのです。

子どもに裕福と思わせることのデメリットは、ほかにもあります。

人は裕福であることに快感を覚えると「お金が無いと言えない」と考えるようにもなり、さらに裕福に見えるように頑張るとロクでもない人が寄ってきたりします。「お金がない」と堂々と言えないので、そのロクでもない人にオゴりタカられ、自分自身でお金のコントロールができなくなってしまうわけです。

とある記事に、ここ10年間で宝くじの1等当選者の8割は、その後、借金生活をしていると書かれていました。「払う必要のないものを払わない」とか「買わないで我慢する」というのは難しいことなのかもしれないですが、それを乗り越えないと貧乏まっしぐらです。だから、**子どものうちから「払えないものは払えない」と言える習慣を身につけておく**ほうが、仮に将来的にお金持ちになっても、お金を維持できるのです。

僕はよく「お金を使わない」と言われますが、子どものころから裕福ではないと思っていたからだと思っています。

僕の親は公務員で普通に考えれば貧乏ではなかったと思うのですが、親からは「ウチは貧乏だから」と言われ、ゲームも買ってもらえませんでした。そんな生活が染みついているからか、いまでも定価で商品を販売しているコンビニで買い物もしなければ、仕事で出かけるときは家でつくったお茶を持参しています。

どんなに裕福でも、お金は有限です。最終的にはやりくりは自分でしなければいけないので、「お金はそんなにない」と子どもに言っておいたほうがいい気がするのです。

「お金がなくても豊かになれる」から教えよう

大人になってもお金の問題で悩む人は多いですが、それならば、もはや「お金の考え方」を義務教育に加えてもいいのではないかと思っています。最初の授業は「お金のない社会／お金のある社会」がいいですね。

いまの日本のように不景気な状態だと「どうお金を稼ぐか？」に敏感な人が増えますが、不景気では、お金は稼ぎづらいもの。仕事を得たい求職者が増えて過当競争に巻き込まれるので、逆にお給料は安くなり、不幸を感じてしまいます。

そういうときは「お金を稼ごう」ではなく、**「いかにお金を使わないか？」**で考え

たほうがいいです。1万円を稼いでも1万円を節約しても、お財布の中に1万円があるという意味ではどちらも同じです。

さらに、お金が無くても生活を豊かにする方法は存在します。最近は無料のゲームや動画が溢れていて、暇つぶしができる時代です。メルカリで売ったり買ったりすれば、生活に必要なものも安価に手に入りますし、ドイツなどでは「物々交換マーケット」が各地で開催されています。

物々交換マーケットでは予定された日時に勝手に人が集まってレジャーシートの上に要らなくなったものを広げ、自分が持ってきたものを交換します。子ども服やおもちゃなどが交換されていて、フリーマーケットのように場所代などもかかりません。

お金を使わないイベントも

米ネバダ州の砂漠では、毎年バーニングマンという、お金の利用が禁止されているイベントが開催されています。

何もない荒野で、1週間、7万人が共同生活をするのですが、そこではDJイベントを開催する人、食べ物やお酒を配る人やマッサージをしてくれる人もいて、お金の利用以外に物々交換も一切禁止。ただ親切を提供するだけというコンセプトになっているのです。

ほかにも、服を配るキャンプや自転車の修理屋があったり、治安を守るレンジャーがいたりと対価を求めずに行動する人がいて、日常と似た生活ができるようになっています。

お金を使う社会だけでなく、世の中にはお金を使わない社会が存在します。「お金の使い方」だけではなく、そうした世界でも豊かな気持ちで生活できることを、子どもに教育しておくことは、とてもいいことだと思うのです。

お金が無くても生活する術を知る

お金が無くても生活できる社会があることを知る一方、次に学ぶべきは「お金が無かったらどうすればいい？」ということです。

「お金が無いと生活できない」と思っているから不安に感じるわけですが、日本はお金が無かったとしても問題なく生活できる恵まれた国なのです。ただ、それを実感できている人は少ないです。

もちろん贅沢な生活は無理ですが、日本国民であれば本当に困窮した際に役所へ行くとさまざまな支援を受けられます。

わかりやすい例だと生活保護です。東京都で生活保護を受けると家賃込みで毎月13万円ぐらいもらえて、医療費が無料になります。各種税金の支払いや健康保険、ＮＨ

Kの受信料も免除され、自治体によっては水道料金の基本料金が無料になることもあります。ただし、生活保護はいろいろな条件をクリアしないと貯金ができないですし、贅沢品を買ってはいけないなどの制限もあります。

「生活保護はちょっと……」と生存権で保障されている権利に抵抗を感じてしまう人もいると思いますが、生活保護以外にも支援はいろいろとあります。

日本各地に存在する「フードバンク」というNPO法人では、生活に困窮した人に食べ物を提供しています。ほかにも衣類や住居を提供してくれるNPO法人や厚生労働省では、住居確保給付金という家賃相当額を支給してくれる仕組みもあります。さらに、各都道府県社会福祉協議会では、家も生活資金も無い人に、臨時特例つなぎ資金という10万円以内の生活費を貸してくれたりもします。

衣食住に困ったら助けてくれる人たちや仕組みがあるのが日本のいいところなのですが、「お金がないと生活できない」と誤解している人がとても多いのです。

そこをきちんと理解していると、大人になってからやりたくもない、役にも立たない仕事で寿命を減らすこともなく、いつでも得意なことをやって暮らすための準備ができるようになります。

こうした事実を子どものうちから教えると「努力しなくていいや」という考えの人間に育つと危惧する人がいますが、僕は意味のない危惧だと思っています。

というのも、なんだかんだ**人には欲望というものがあって、それを解消するために働こうと思うもの**だからです。その危惧のせいで、困ったときに頼る仕組みを知らず困窮するよりも、そうした人を減らしていったほうが社会にとってメリットがあると思います。

そういう知識こそ、子どもたちが社会に出る前に、本当に知っておくべきことではないでしょうか。

「本当に欲しいもの？」立ち止まる力を学ばせる

子どもたちが大人になって路頭に迷わないよう、お金が無くても生活できる方法を義務教育で教えたほうがいいと書きましたが、普通は自分が欲しいものを得るために働いてお金を稼ごうとします。

しかし、最近は企業勤めをしてもなかなか昇給しない時代です。「頑張っても稼げない」状態のとき、大切になってくるのが、自分が欲しいものを手に入れる方法を考えることではなく、**「これは本当に欲しいものなのか？」と立ち止まる力**です。

新型コロナウイルスの蔓延でテレワークが増えた結果、アパレル業界の売り上げが激減しました。みんなマスクもしているし、家から出ないから「仕事に化粧も服も要らないよね」となったのです。以前から僕が主張していた「身だしなみに気をつけたからといって、直接的な仕事の効率が上がるわけではない」というのも、ようやく理解してもらえるようになってきました。

小綺麗な格好をした仕事のできない人よりも、汚い格好であろうとも仕事ができる人に業務を依頼したくなるのが現実です。**服にいくらお金かけてもモテない人はモテない**ですし、モテる人は何を着てもモテるものです。

「欲しいもの」と企業は消費者を騙してくる

さらに、最近は世の中の倫理観が崩れてきていて「騙されるほうが悪い」という考えのもと、利益を追求する企業が増えているような気がします。

以前であれば「大手企業は、そんなことしない」という信頼がブランドに繋がっていたものですが、「消費者を騙すのはよくない」という正義感では飯は食えないことがわかってきたのか、大手メーカーは科学的根拠のまったくない水素水を売り、コンビニは弁当の容器を底上げしてステルス値上げしたり、とキリがありません。

テレビなどで大量に流されるCMなどもいい例です。実は「欲しいと思わされている」状況なのに、不必要なものを「自分が欲しい」と思ってしまうよう企業に騙されているのです。

だから、いまの時代は欲望に立ち止まる力が必要です。「お金は無いけど欲しいものを手に入れるには?」を考える前に、その欲しいものを1か月買わずに我慢してみる。そして、無くても生活できれば必要ないと決めるなどの訓練をして「欲しいものが本当に必要なのか?」を考えられる力を身につけることが大切ではないでしょうか。

そういうことを子どものころからやっておくと、大人になってからお金が無い問題に直面しても、暮らしていける能力が身につくと思うのです。

『鬼滅の刃』見せない派の親は子どもの好奇心を殺す

「子どもに漫画やアニメをどのくらい見せてもいいのか？」

「子どもにインターネットを使わせるのか？」と同様に、親の間でよくあがる議題です。少し前で言うと『鬼滅の刃』で話題になりました。見せたくない派からは、「首を切られる残酷なシーンのある漫画を見せていいのか」、また続編アニメの放送が発表されたときは「(吉原) 遊廓編は、子どもに説明できない」という意見も出ました。

たしかに、首が跳ね飛ぶグロテスクな描写のある漫画やアニメを見た際にショックを受ける子どももいるので、見せないほうがいいかもしれません。しかし、遊廓の説明ができないから見せないというのは少し違うかな、と。花魁は実在しましたし、そういう**事実は事実として学ばせてあげればいい**と思うのです。

僕は三国志や水滸伝、史記や戦国時代、ナポレオンにフランス革命時代と、世界史や日本史の知識の多くを漫画で学びました。

イタリアのルネッサンス期は『チェーザレ』、北欧のバイキング知識は『ヴィンランド・サガ』、古代ギリシャ時代は『ヒストリエ』。最近だとアイヌ民族の文化を漫画の『ゴールデンカムイ』で知りました。

高校生のときには『週刊少年ジャンプ』で連載していた前田利家の甥、前田利益を主人公にした漫画『花の慶次』で戦国時代に興味を持ち、原作である歴史小説『一夢庵風流記』まで読んだものです。

世の中には「歴史を知りたければ、漫画ではなく、歴史書で」と考える人もいますが、普通に生活していたら歴史に興味を持つ機会は少ないです。しかし漫画の力を借りれば、子どもも「読んでみよう」となり、結果として歴史や文化を学べるわけです。

役に立つ漫画やアニメもあるのに、「けしからん！」と十把一絡げに禁止する親は、内容を知りもせずに否定し、**子どもにダメな理由を説明できない**ものです。

もちろん、「しょうもない漫画を読んでも意味ない」という意見には同意です。恋愛漫画を読んでも、なんの知識も増えないので無駄だと思います。だからといって、止めることも難しいです。

「下品な描写のある漫画を子どもに読ませると真似をするから、読ませたくない」と親が考えたとしても、子どもは親にバレないようにどこかで見ます。そもそも下品なことから遠ざけるなんて、学校に通っている時点で不可能です。

どうせ覚えてしまうのなら見せても問題ないし、覚えたからと言ってすべての子どもが真似するとは限りません。自分の子どもを信じてあげたらどうでしょうか?

業界団体による年齢制限とか推奨年齢とかも、その基準がどの子どもに対しても正しいというものではありません。だから、下品や残酷を理由に制限することは、ただ単に子どもの好奇心を殺してしまうだけだと思うのです。

ゲームは「やるな」より「とことんやれ」が正解だと思う

僕は40代になっても夜通しゲームをしています。子どものころ、我が家ではテレビゲーム機を買ってもらえなかったので、その反動でゲームをしたい欲が40代になっても収まらないのかとも思っています。

子育てにおいて「子どもにゲームをやらせるのはよくない」という話をよく耳にします。理由はほかのことをしなくなるから。

しかし、それが正しいかには疑問を感じます。

お金さえ払えばなんとかなる課金式のスマホゲーム以外、ゲームは手間をかけて操作を覚えたりプレイスキルを磨いたりと、面倒なことをしないとクリアできないようにできています。難しい状況を知識や経験、プレイスキルで乗り越えるといった経験ができる側面がゲームにはあるのです。

そう考えると、子どもがゲームをやることに特に問題はないのではないか、と個人的には思うのです。

もちろん、一日8時間ゲームをやると目を酷使するという意味で問題ですし、成長過程にある子どもが3DSの立体視やVR映像を長時間見続けると、斜視になる可能性があるとも言われているので、注意は必要です。だから、親の中にはゲーム時間を設定している人もいると思うのですが、こんな話があります。

僕の知り合いにはゲーム開発者が何人かいて、彼らの子どもは「ゲームにあまり興味がなく、サッカーをやっている」というのです。家には、最新のテレビゲーム機がほぼ揃っているという、子どもにとっては夢のような環境なのに、です。

ゲームソフトを頻繁に買ってもらえない家の子どもは買ったゲームがたとえ面白くなくても、とことん最後までプレイしようとします。一方、前述のように家に膨大な量のゲームがある子どもはレベル上げなど面倒くさい要素が加わって、面白くなくなった時点でプレイをやめ、別のゲームを始めてしまいます。

このサイクルを何度も繰り返すうちに「ゲームは面倒、そんなに面白くない」と感じて飽きてしまう。結果、ゲームよりも友達とスポーツをしているほうが楽しいと感じるようになったそうです。

「ゲームをやらせると、ゲーム以外やらなくなる」と思い込んでいる親は一度、子どもにとことんゲームをやらせてみてください。ゲームに触れさせないのはいまの時代、ほぼ不可能に近いです。ならば、**とことんゲームをやらせたほうが、飽きてやらなくなる可能性は高くなる**かもしれません。

インターネットは是非論でなく、どう使うかを考える

人間は年を取ると新しいモノを否定してしまう傾向があります。特に成功している人ほど「過去の自分はそんなものは使わなかった」という自負があるので、余計に頑固に新しいモノや技術を否定しますよね。

ただ、子どもたちは、そういった大人がいなくなったあとの社会を生きていく必要があるので、新しいモノを受け入れ、使いこなさなければなりません。

そんな新しいモノの中で、子どもに使わせるか悩む代表格としてインターネットがあります。SNSや出会い系などを舞台にした未成年の事件が話題になるため「子ど

もにインターネットを触らせるべきではない」「何歳からインターネットを触らせればいいのか？」と考える親は多いと思います。

とはいえ、いくら親が触らせないようにしても、**インターネットに触れない生活はいまの時代、不可能**です。

一度、家の外に出てしまえば、学校や図書館にはインターネットにアクセスできる端末が設置してあります。もちろんキッズ用のフィルタリング設定がされている場合もありますが、街の図書館や家電量販店、あるいは友達の家などにある端末だとそうもいかず、どんなサイトにも自由にアクセスできるわけです。

２０１４年のアンケートではありますが、マイナビの調査によれば、54％の人がスマホにパスワードをかけていませんでした。ということは、いくら自分のスマホにパスワードをかけても、子どもが友達の家に行くと、友達の両親が使っているスマホやタブレットのどちらか１台はパスワードなしで使える可能性があるわけです。パスワードすらかけない人のスマホやタブレットにキッズ用のフィルタリング設定がしてあるとは思えません。
そもそも、子どもは親が制限をしても、親の目を盗んでやりたいことをやろうとするものです。実際に、僕も家庭の方針でファミコンを買ってもらえなかったのですが、友達の家に行ってやっていました。

もし子どもをインターネットにまったく触れないようにしたければ、図書館や家電量販店がなく、友達が一人もいない環境をつくらないといけません。しかし、それは、交通事故に遭わないよう、一歩も家の外に出ないのと同じで、ほぼ不可能です。

皮肉とはわかりつつ書いていますが、子どもをインターネットに触れさせず育てるのは現実的ではありません。だから、親は「子どもをインターネットに触れさせるか?」ではなく、〝インターネットが当たり前の時代に生きている〟ことを理解したうえで「どうインターネットを使うか」を子どもに教えることに、注力したほうがいいのです。

自宅学習はタブレットより PCのほうがいい理由

「学校教育では十分ではない」――。そんなことを言うと反発してくる人がいますが、多くの子どもたちが有名校に進学するために塾や予備校に通っている事実を考えると、文科省が考える教育では、足りないのが現実です。正確には〝足りない〟のではなくて、〝必要なことをやっていない〟のかもしれませんが。

この話は学力だけの話ではなく、学校では社会で必要な知識を教えてくれません。

例えば、ＰＣを利用しないデスクワークはないにもかかわらず、学校では社会に出てから使うＰＣの知識を教えてくれません。子どもがＰＣを使えるようになるには塾や予備校、実際に仕事でＰＣを使っている親が教えなければならないのです。

コロナ禍はオンライン授業の普及を少しは加速させました。しかし、まだオンライン授業は、学校で実施する普通の授業をただ流しているレベルとのことですので、それならば、せっかくなので学校で教えてもらえない学習をオンラインで子どもにさせたほうが得策です。

学習内容は、一日中読書をするでも、外国語の映画を観続けるでも、ユーチューブで科学系の動画でものごとの仕組みを知るでも、何でもいいと思います。ただし、これらの自宅学習をする場合には、**スマホやタブレットではなくＰＣを使わせたほうがいい**です。

スマホやタブレットはあくまでも生活レベル

最近は、ＰＣを使えない大学生が増えています。スマホやタブレットはＰＣを小型化して簡単に操作できるようにした便利な製品なので、ＰＣを使わないで生活をする人ならスマホだけでも問題ありません。

文章を書くぐらいであればスマホでもいいのですが、仕事で扱うエクセルにデータを突っ込んでグラフを描くなどの作業となるとスマホでは大変です。プログラミングを学ぼうにも、かなりハードルが高くなります。

ほかにも調べているサイトが外国語だったときに、スマホで翻訳するとサイト全体が翻訳されてしまうのですが、ＰＣであれば部分的に翻訳できるので外国語の勉強にも繋がります。

誰でも使えるスマホアプリでできることを学んでも消費者にしかなれません。生産者になるためには、ＰＣを使えたほうがいい。ＰＣを使って自分がやりたいことを検索したり実行したりする習慣を身につけておけば、大人になったとき、役に立つはずです。

「スマホは何歳から？」の正解は「何歳でも」

子どもが「インターネットに触れる」というと、まず真っ先に連想するのがスマホという人は多いと思います。

2020年には、香川県が18歳未満のゲーム利用は1日60分（学校が休みの日は90分）、スマホは、中学生以下は午後9時までとするゲーム規制条例を施行しました。

香川県の子どもはかわいそうですね。別にゲームやネットができないからではなく、科学的根拠のない思い込みを強制してもいいと考える大人が多数派の地域に住んでいるという意味で、かわいそうだと思うのです。

そもそも「ゲームとは何か？」の定義は難しいです。例えば、「脳トレ」という頭の体操的なゲームや、幼児向けのモノの名前や色を覚えるスマホアプリは、ゲームなのか。僕はブラインド・タッチを『北斗の拳』のタイピングゲームで覚えましたし、効率よく学習するためにゲームを活用するのは、いまや世界中で進んでいる分野です。

そうした世界的な流れを理解したうえで、ゲームを制限するならまだしも、ただ単純に頭の古い人たちが「ゲーム脳」みたいな科学的根拠のないデマを信じ、未成年の行動を制限しているのが実情です。

大人の都合で子どものゲーム時間を制限しても、子どもが自発的に勉強しだすことはほぼありません。「スマホのない時代の子どもたちが自発的に勉強していたのかどうか？」を思い返せばすぐにわかりそうなものですが、頭の悪い大人たちは、自分の子ども時代を思い出せもしないのかと思ってしまいます。

これは、スマホでも同じことが言えます。スマホがあれば世界中の論文を読むこともでき、知らないことを調べることもできるのに、「スマホはよくない」と禁止して、むしろ学習の機会損失をさせています。

もちろん、スマホの見すぎで目の影響なども問題視されていますが、「子どもにスマホはいつから持たせるか？」という質問に僕が答えるなら、「親と子どもが困るようなことにならないなら、何歳でもいい」と答えます。

そもそも年齢で区切ろうにも、大人になってもSNS上で犯罪自慢をしたり、援助交際をしたりと変な使い方をする人はいます。つまり、**年齢の問題ではない**のです。

大切なのは、親が見せたくないものを子どもが理解し、そうした情報に触れても動じない子どもに育てること。スマホでネットに触れる際のルールを教えて、それに従うことができるかどうか、子どもを見て判断していくしかないと思うのです。

大人の「わからない」で終わらせないためにネットは必要

僕の知り合いが中学生のころ、「$\sqrt{3}$は無理数なのに、1：2：$\sqrt{3}$の直角三角形は現実に存在する。実物の三角形の$\sqrt{3}$の端はどうなっているの？」と親に聞いたところ答えられず、数学の先生に聞くと「それはテストに出ないから、いまは勉強する必要がない」と言われました。

その後、僕の知り合いは数学に興味をなくしてしまい「テストで点数を取るため」だけの数学が嫌いになってしまいました。

勉強だけでなく「液晶テレビはどうして映るの？」「一輪車はなぜ曲がるの？」な

ど、子どもの素朴な疑問に答えられない場面は、子育てをしていると数多く存在します。そのとき、すべてに答えられる大人のほうが少なくて当然です。普通に生きていて、そんなにいろいろなことに詳しい人間はいません。

しかし、せっかく興味を持った子どもに対して、大人が「わからない」の一言で済ませてしまうと、モノを知る楽しみを知らずに**「わからなくて当たり前」という頭の悪い結論を出す子どもになってしまう**可能性があります。

ネット検索は関連情報を知る癖になる

子どもがインターネットを利用できれば、興味を持ったことを自発的に学習し、自分で調べる習慣を身につけることができます。

また、わからないことを人に聞いてしまうと、その場限りの情報は得られるものの、聞いたことにまつわる付随情報などを知ることができません。しかし、インターネット検索なら、何か興味があることやわからないことを調べていくうちに、さらに疑問に思うことや興味がある関連項目が出てきて、エンドレスに情報が連鎖していくものです。これをやっていると、意外と知識が身につくものです。

人間というのは思い込みが重要なので、暇つぶしで知識を得るようになると、「自分は調べるのが得意だ」と勝手に錯覚します。

子どものころにその癖が身につけば、大人になっても安易に人に聞かず自分で調べるようになると思うのです。その力は、社会に出てると大切なことだとわかります。調べればわかるようなことを、なんでも聞いてしまう人というのは、仕事ができないと見られますから。

「見ると怒られる」を自覚させるフィルタリング機能

しかし、インターネットを子どもに使わせるには、ルールが必要になります。ただ、インターネットでは「道路は急に飛び出さない」とか「火傷するからコンロには触らない」など明確なルールを定めるのは難しいです。

そこで、まず親ができることは、子どもが使うスマホのフィルタリングです。

もちろん、フィルタリングを導入したからといって、安全になるかと言われれば違います。携帯電話キャリアはスマホのフィルタリングで安全になると宣伝をしていますが、優秀な子どもは抜け穴を簡単に探し出せてしまいます。

国内の情報統制をしようとする中国が国家の威信をかけて「金盾」というインターネットの制限システムをつくっても、いくらでも抜け道が出てきているくらいですから、完全にブロックすることは不可能です。

それでもフィルタリングを導入する理由は、子どもに「抜け道を使って情報を閲覧しようとすることはやってはいけないことで、バレたら怒られる」という自覚を持ってもらうためです。

大切なことは、**子どもが「見ると怒られる情報がある」ことを認識**し、たとえその情報を見ても、実行するのに二の足を踏むような状態にすることです。

それだと危ないと思う親もいますが、実際にフィルタリングを突破して何かを閲覧したとしても、そんな優秀な子どもなら、「この情報は、実は大したものではない」とすぐに気づくはずです。

ネットを使うルール設定がなかなか難しい以上、まずはフィルタリングをひとつの指標とする段階からスタートさせるのがいいと思うのです。

「いじめ」から救うインターネットは蜘蛛の糸

子どもがインターネットで検索できるようになると、知識以外に、世の中にはいろんな場所や生き方があることを知り、「自分は何をしたいのか?」「自分はどこに身を置くべきか?」を自然と考えられるようになります。

テレビや雑誌などのメディアばかりに触れていると、タレントや歌手、プロスポーツ選手などの仕事が「普通」だと思いがちですが、例えば音楽の世界であれば、メジャーデビューだけが音楽で食っていく道ではなく、飲み屋の横で楽器を弾いてチップをもらう仕事があることもインターネットを通じて知ることができます。

さらに、世界には働かない人もいて、働かなくても生きていける社会があることも知ることができるわけです。

そんなことを知るのはデメリットだと考える人もいるかもしれませんが、働く価値観に多様性があることを知ると、ブラック企業で我慢して働くという不幸な人が減っていくことにも繋がるので、とても大切なことだと思うのです。

DV親やいじめから救い出せる

インターネットは、いまいる自分の環境を把握する意味で、とても大切なツールです。子どもが知っている世界は家庭の中だけなので、自分の置かれている環境が普通だと考えがちですが、実際は違います。

僕も小さいころに「ウチは貧乏だ」と言われて育ったと何度か述べましたが、当時、もしインターネット検索ができていれば、「公務員の父親が貧乏だ」なんて思い込みには至らなかったと思います。

その程度ならまだマシですが、これが学校のいじめ、ネグレクトする親という環境だったらどうでしょうか？

過去に、未成年の女のコが親に風俗でアルバイトをさせられたり、違法薬物を普通に家庭内で摂取する親がいたり、それが当たり前の環境として育てられた子どもというのがいました。もしそこにインターネットという環境があれば、調べて自分が置かれている状況がおかしいことに気がつき、学校以外に相談できる場所があることも逃げる方法も知ることができます。

学校のいじめも親や先生に相談ができなくても、その他に相談ができる場所を知っていれば、最悪の事態は防げるかもしれません。インターネットがある時代に生まれたのだから、そうした可能性を広げてあげるのも、大人の役目なのではないでしょうか。

子どもがインターネットに触れることのメリットは、そういった不幸を起こさないきっかけにもなるのではないかと思うのです。

「閲覧」はＯＫ／「発信」はＮＧの線引きは親がする

インターネットを閲覧する行為と、自ら発信する行為は全然違います。

例えば、検索で爆弾の作り方などの情報を閲覧したとしても、実行しない限りは何も問題はありません。それは親が見ていれば、制限できます。

しかし、「爆弾の作り方教えます」や「〇〇を爆破する」とネット上に発信すれば、警察がやってきて家の誰かが逮捕されます。それを親が見えない場所でやっていたら制限のしようもありません。このように、インターネットは閲覧するだけならば実害はほぼないのですが、発信した瞬間、実害が及ぶ可能性が出てくるのです。

メールやＳＮＳという個別に連絡が取れる「発信」ツールも同様です。こうした場所で子どもが発信していると、悪いことをしようとする大人が個別に子どもに連絡してきます。例えば、ツイッターやインスタグラムなどで「ＢＴＳファン」と発信している子どもが１００人いて「ＢＴＳと知り合いだから会わせてあげる。チケットを送るので住所を教えて」と送られてくれば、結構な割合で引っかかってしまうと思うのです。

本人確認済みの人しか登録できない身元保証のＳＮＳならまだしも、無料で誰でも登録できてしまうＳＮＳには子どもを騙そうとすると大人がウヨウヨいます。そんな場所に、子どもたちは無邪気に個人情報を「発信」してしまうので、単なるリスクしかありません。

あなたの子どもは一人で旅行できますか？

そこで、僕が親なら**子どもが自分一人で判断して、なんとかやってけると思えるレ**

ベルに育つまで「閲覧」のみに制限します。簡単に言うと、「一人で子どもを旅行に行かせられますか？」というのと同じこと。インターネットでも同じで、安心できるようになるまでは、情報の閲覧だけに制限をしたほうがよく、ＳＮＳとかには登録させないほうがいいと思うのです。

とはいえ、最近では、部活の連絡網がＬＩＮＥのグループトークだったりすることもあるので、未成年のうちは登録したアカウントを親と共有。親がいつでも何をしてるか見られるようにしたほうがいいでしょう。

そして、問題が起きても自分一人で対処や解決ができるようになるまでは、ＳＮＳの情報は閲覧だけにして発信するためのツールとして使わせないこと。友達限定（許可制）なら大丈夫と考える人もいますが、ＳＮＳにアップした書き込みや写真が漏れない保証はどこにもありません。その友達がスクリーンショットをしたり、誰かに画面を見せたりするのが現実なのです。

子どもにネットの「嘘」を見抜く方法を学ばせる

最近はわからないことがあると、すぐにインターネットで調べますよね。打ち合わせ中に目の前の人が言っていることが正しいかどうかは、その場でネットを使って調べたほうが早い場合もあります。

しかし、ネットで調べた内容がすべて正しいかと言われると微妙で、誤情報の場合もたくさんあります。

インターネット上にはフェイクニュースも多く出回っていて、大人が騙されたりもしています。最近では、血液クレンジングや水素水も科学的根拠の極めて薄い情報なのに、著名人が推奨していたという理由で踊らされている人がいるわけです。しかも、誰しもが気軽に情報発信できるツイッターやインスタグラムなどのSNSで、情報が自動的に流れてくるから厄介です。

その昔、僕は2ちゃんねるを「嘘を嘘であると見抜ける人でないと難しい」と言ったことがありました。それは、2ちゃんねるに限った話ではありません。

大人でもインターネットの嘘の見抜き方がわからない人がいるのに、子どもに嘘の見抜き方を教えるのは無理な話です。学歴のない親が無理やり子どもに受験勉強をさせても、勉強が嫌いになるだけで学力が身につかないのと同じです。

では、どうしたらいいのか？　僕が親ならフェイクニュースの真贋を見抜く以前に、ネット上の情報を疑って見られるように、**「ネットは情報を適当に載せることができる場所が数多く存在する」ことを体験させます。**

例えば、掲示板に「アイスクリームをたくさん食べるとウンコが出なくなる」という、明らかに嘘とわかる情報を子どもの目の前で書き込みます。そして「ネット上には適当な嘘を書き込めるし、同じことを誰でもできてしまうんだよ」と教えつつ、子どもと一緒にアイスクリームをたくさん食べてみるでしょう。すると、子どもはフェイクニュースがあることを、身をもって学びながら、お腹を壊してトイレへ行くと思うのです。

インターネットの情報の真贋を見極めるには、知識が必要です。それを子どもに求めるのは酷ですし、大人でも難しいのは前に述べたとおり。ならば、とりあえずは「誰が書いているのか？」がわからない情報は基本的に信じない、というスタンスを教えるといいと思います。

署名記事でも、全国紙でもいいので責任の所在がわかっていれば、もし間違いであっても、責任転嫁しやすい。これが「まとめサイトに書いてあった」と言ってしまうような頭の悪い人にならないように、子どもを育てることから始めるといいのではないでしょうか。

第四章

日本のバカな学校&子育て環境

ブラック校則が蔓延る理由は学校が「面倒くさい」から

学校には校則がありますが、僕は校則というものを意識したことがありません。

出身の中学校は不良校としてわりと名を馳せていて、教室の後ろにはタバコの吸い殻が落ちていたり、先生が生徒に殴られて失明したりしたこともあれば、1日に13枚窓ガラスが割れたこともありました。ちなみに、13枚目の窓ガラスを割ったのは、僕と友達です。

そんな状態の中学校時代を過ごしていたため、校則を意識する機会が一度もありませんでした。

高校も「校則がない」（当時）と有名な都立北園高校でした。制服もなく、授業が終われればそのまま居酒屋に行けたり、私服だからタバコを吸っていても何も言われなかったりと、そういう学校でした。

そんな校則のない学校生活を送った身分で語るのはおこがましいのですが、世の中の学校にはおかしな校則が多くあります。

下着の色や柄を指定する学校は多いですが、コロナが流行し始めたころは「マスクは白色」なんて指定した学校もありました。ほかにも「授業中のトイレは男子1分、女子は3分で戻らないと欠席扱い」という、おかしな校則もあるそうです。

説明できない校則は変えればいい

社会の規則でも、よくわからないルールが残っているものです。

例えば、道路で立ち止まるのは厳密には違法ですし、ベルのついていない自転車に乗るのも違法です。

そんな明らかにおかしなルールが存在するのは、校則の場合は「守らせることに意義があり、反抗しない従順な子どもを育てる」が目的で、実際にそれらしいスローガンを掲げている学校もあります。

しかし、実際はそこまで深く考えていないのではないかと。例えば「パーマをかけている生徒は、ストレートパーマをかけなさい」という校則も、生徒がくせ毛かパーマかを確認するのは大変だけど、「校則を変えるのも面倒くさい」という理由だったりするのです。

学校や会社など、事情が異なる組織を運営していくうえで、ルールは必要です。しかし、そのルールが組織に合わないとき、ルールを変えることができる仕組みも必要ですよね。世の中にはよくわからないルールがあって、それを直していくことは、国会に限らず社会ではよくあることです。

例えば、生徒が生徒総会で議案を出して、議論をして校則を変えることができるのなら、おかしな校則をいくらつくってもいいと思うのですよ。

ただ、そう簡単に校則を変えることは難しく、明らかにひどい校則があるのに変更不可能なのは微妙です。そういう場合は、ネットで騒いだり、メディアに垂れ込んだりするといいでしょう。

ブラック校則が話題になったのも、世田谷区の議会で議論されたことがきっかけです。そうやって話題になると、教育委員会から校長先生に事実確認の連絡が行き、校長先生にプレッシャーを与えたりできるらしいですから。

校則を守るべきかどうかは、その存在理由をきちんと客観的に説明できるかです。校則をつくった側の人たちには、きちんと納得のいく説明をしてほしいものです。

「先輩に絶対服従」の謎理論はなぜ生まれるのか

日本には、〝後輩は先輩の命令に従う〟という謎の常識があります。上司が部下に命令するといったように役職で上下関係をつくるのは組織には必要ですが、生まれが1年早いとか、加入が少し早いという理由で、命令する権利があると思い込む人が多く、理不尽な経験をすることがあります。

先輩側には「自分が後輩のときも苦労したから」という合理性を欠いた言い分があり、「だから他人も苦しんで当然」と考えるわけです。

社会は、自分が味わった苦難を次世代に味わわせないよう試行錯誤しながら進むことで、発展していくものですが、日本の学校では、それを否定するような考えが横行し、ほかの先進国からは理解されづらいことがあります。

出産時から植えつけられる

では、「なぜ日本人がその考え方に至るのか？」とマジメに考えてみたのですが、どうやら出産の段階からきているような気がしているのです。

日本では「出産のときに痛い思いをするのが当たり前」という押しつけがいまも生きています。フランスでは約8割の人が無痛分娩を選び、そのための麻酔費用も国が出してくれます。痛い思いをしないで済む合理的な方法があるのに、わざわざ痛い思いをする必要はないという考え方です。

「お腹を痛めて産んだ子どもだから」みたいなことを言う人もいますが、「痛みを伴わずに出産した子どもだから大切にしない」と言っている親を僕は見たこともなければ、聞いたこともありません。

日本で無痛分娩を利用する人は、たったの5％。無痛分娩が保険適用外で数万〜20万円かかるとはいえ、少なすぎると思ってしまいます。

自分の苦労を他人にも……

同じような事例に乳児用液体ミルクがあります。欧米では以前から乳児用液体ミルクは当たり前でしたが、日本では2019年にようやく販売が開始されました。粉からミルクをつくる手間も省け、雑菌混入も防げるといいことづくめなのに、それまでの日本では、液体ミルクは違法でした。

日本ではいまだに母乳信仰があって、母乳で育てたほうがいいみたいな考えも残っています。もし母親の母乳が出なかったら新生児は衰弱してしまうのに、母乳以外を与えない病院もあります。

実際、知人が出産した病院は自然分娩と母乳信仰があり、母親の母乳の出が悪いのに新生児に母乳と糖水以外与えようとしなかった結果、新生児が脱水症状と低血糖状態になって入院してしまいました。その後、ミルクを与えたら一瞬で治ったそうですが、新生児の命を危険に晒してまで、遂行しなければいけない母乳信仰の理由が、僕には理解できません。

この背景にあるのが、**日本人に押しつけられる「自分の苦労を他の人にも」**なのだと思うのです。

次世代に押しつけ続ける空気が生まれたときから正当性を持って蔓延し、日本社会や学校教育にまで影響した結果、「後輩は先輩に従う」に繋がっているのではないでしょうか。

昭和の体育会系ノリは実は社会に出て役に立つ

引きこもりでバリバリ文系の僕ですが、実は少年野球や剣道部といった体育会系の部活に所属していた時代がありました。

よく「子どもに体育会系的なことをやらせるべきか」という議論を耳にしますが、僕の答えはイエスです。最近は体育会系のノリに否定的な意見も多く、若者不足もあって、先輩が理不尽なことを要求する体育会系ノリの会社もだいぶ減りました。しかし、体育会系が就職に有利という事実はいまだ存在します。

体育会のメリットは、やはり体を鍛えられること、チームワークを学べること。そして〝体育会ノリ〟を身につけ、**理不尽に耐える力を習得できる**ことです。

もちろん、営業職とはまったく関係のない、一生一人で飯が食っていける技術職の人ならば、体育会ノリは必要ありません。しかし、技術だけで一生食えるのはほんの一部。しかも、そういった人材かどうかは社会人になって、数年経たないとわからないものです。

仮に技術職で成功したとしても、組織内で出世をしたり独立したりすれば、理不尽な場面と向き合わないといけないので、ある程度の体育会ノリを理解しておいたほうが将来的に役立つ可能性は高いと思うのです。

社会に出て必要な〝理不尽に耐える〟力

職場以外にも、マイルドヤンキーのグループや肉体労働系の現場など、体育会ノリはそこかしこに存在します。体育会ノリをまったく知らない文系社長が起業したベンチャー企業でも、上司がかくし芸やモノマネを部下に強要するみたいな体育会ノリが出てくるものです。加えて、体を張った偉い人へのご機嫌取りをするという体育会ノリは、日本だけでなく、海外でも通用します。

体育会系ヒエラルキーの下っ端の動きは、偉い人に「あなたの言うことを喜んでやります」を態度で表明することを意味します。偉い人の趣味や家族サービスに付き合わなければいけない場合、体育会系の下っ端の動きは、そのまま役に立つわけです。

もちろん、こうした下っ端の動きが耐えられない人はほかの場所に行けばいいのですが、多くの人は能力がないのでそうはいきません。結局は、体育会系で培われる理不尽に耐える力が必要になってくるのです。

体育会系に根づくマッチョ思想は子どものうちに経験しておけば、世の中のさまざまな人のパターンに対応できます。十把一絡げに〝体育会系〟というだけで否定し、毛嫌いしないほうが、子どもの将来のためになると思うのです。

いじめと少子化を加速させるPTAなんてやめればいい

40年以上前から問題視されている日本の少子化ですが、一向に改善していないどころか、悪化しています。

例えば「電車にベビーカーを持ち込んだら、舌打ちされた」という話をよく聞きます。もし子どもがそこら中にいることが普通だったら、いくらあやしても泣きやまない乳幼児が電車にいるのが日常になって子育ての苦労も減ると思うのですが、実際は少子化が進めば進むほど、その日常を目にする機会は減っていく。すると、泣いている子どもが電車に乗ることが非日常になってしまうので、ますます親たちは肩見を狭くしていくと思うのです。

少子化対策に子育て環境の改善は大切ですが、大きな要因に、経済的な問題があげられます。経済的な理由から夫婦共働きで子どもを育てようとしても、いろいろな壁に直面します。そのひとつが小学校に入ると訪れる、ＰＴＡの自動加入です。

ＰＴＡには、学校の草むしりや掃除などの活動への参加義務や、子どもが在校中に一回は役員を務めるなどの暗黙のルールが存在します。さらに、公務員の先生に合わせるため会議は、平日昼間に行われます。夫婦共働き家庭の場合だと、どちらかが仕事を休まなければいけなくなり、子育てに無理解な会社であれば将来責任のある仕事に就けなくなります。

こうなると、「生活が安定するまで子育ては無理だ」と考える人が増え、少子化がさらに進むわけです。

ＰＴＡは自由参加のはずなのに

フランスやアメリカではＰＴＡは自由参加で、なかにはＰＴＡが存在しない学校もあるそうです。学校の掃除ならお金を払って業者に頼めばいいし、運動会などのイベントにお金が必要なら、費用を積み立てればいいだけですしね。

日本でもＰＴＡは一応、自由参加です。強制加入は違法です。しかし実際は、ほかの親から白い目で見られたり、子どものいじめにも繋がったりするので、ほぼ義務化されているのが実情です。

もちろんＰＴＡにもメリットはありますが、**この違法行為を学校が黙認しているところが、日本文化のスゴいところ**です。

夫婦共働きでの子育てが当たり前になっている世の中で、少子化を解消したいのであれば、会社を休んで参加するＰＴＡのあり方は変えていかなければいけません。会議参加の有無を選べるとか、会議は20時からにするとか、未加入も当たり前とか……。本来なら、国や自治体が率先して推進していくべき事案だとは思いますけどね。

学校のいじめは「解決」ではなく、「回避」を目指す

僕が子どものころ、街中に「世界人類が平和でありますように」と書かれた看板がそこかしこに掲げられていました。これは45年ぐらい前から始まったみたいですが、いまだに世界人類が平和を手にしていないのは、みなさんご存じのとおりです。

そんな人類の「こうなったらいいな」という願いのひとつに、いじめ問題があります。しかし、「いじめを無くそう」と声高に叫ぶ人を見るにつけ、願望と現実の違いを理解していない人が多いなあ、と思ってしまうのです。

いじめ問題は教育のなかで避けて通れない道なので、「いじめを無くす」と信じて

突き進むのもわかります。しかし、大人の職場でもたびたび起こるいじめ問題を解決できないのに、子どもたちの間から無くすことができるでしょうか。

本当にいじめをなくせるならば、1000年前に撲滅していると思います。そう考えると、いじめは人間が集団で生活している以上必ず起きる問題で、いじめをなくすのは無理なのです。

また「いじめをする人が悪い」や「いじめられるほうが悪い」なんて議論をする人がいますが、「どっちが悪い」の原因を追及しても、いじめは根本的解決が難しいと思うのです。例えば、治安の悪い地域にお金持ちに見える格好で歩いていて、襲われた場合「襲うほうが悪い」「襲われたほうも悪い」と議論しても無駄ですよね。人類から悪い人をなくすのは、無理ですから。

ならば、いじめ問題で言えることは、「いじめをなくす」という解決ではなく、「いじめを回避する」方法を考えることだと思うのです。

いじめのコストを上げる

では、いじめはなぜ起こるのか。人間は類人猿のころから集団生活の中に異物が混入すると、排除しようとしてきました。

日本では「見た目が違うから」と、どうでもいい理由でハーフの子どもがいじめられることがありますが、人間は何か違いがあると排除しようとしたり、排除することで仲間意識を強くしたりということをやりがちです。

僕が育った東京の赤羽という地域では、外国人や障害者がクラスにいるのが当たり前という多様性のある地域だったので、そうした面でのいじめはなかったのですが、多様性のない地域では排除の対象になります。

これは人間の習性なので、どうしようもありません。しかし、いじめを回避する方法もあります。そのひとつが**人を排除することのコストを高くする**というものです。
つまり、「こいつを排除しようとするのは損だ」と思わせればいいわけです。

ただ、子どもの場合、コミュニティ全体の損や利益、自分が受けるデメリットを論理的に理解するのがまだ難しい。そこで、物理的に「肉体を強くすること」もひとつの手です。いじめの解決が難しい以上、回避するためには筋トレをしたり格闘技を習ったりするのが現実的な正解だと思うのです。

「いじめを止めるべき」は安全圏にいる人の言い分

誰かがいじめられているのを止めるのは、善悪で捉えるなら正しい行為です。しかし、排除しようとしている多数派の行動に異を唱えるのは、その人自身が異物である証明にもなり、結果、いじめのターゲットに繋がります。

「いじめを見つけたら止めるべき」という主張は、集団の外という安全圏にいる人間が言えることであって、集団の中で誰も守ってくれない状態にいるときは単なるリスクでしかありません。

ここで必要なのは、目の前のいじめに対し、**多数派の人がどういう理由でいじめているのかを理解する**ことです。当然ながら、その理由に納得する必要はないのですが、いじめをする側がどういう論理でいじめを正当化しているのかを理解することは、とても重要なことです。

そのうえで、いじめをすることのデメリットをきちんと相手に明示する。別の形で問題を解決するという提案をするのが、いじめを止めるためには必要だと思うのです。

しかし、そこまでできる人は、大人にもなかなか存在しないので、やっぱりいじめを止めるには、体を鍛えるのが現実的かもしれませんね。

不登校になったら無理に「普通の教育」は受けなくていい

教育で問題視されていることに不登校問題があります。不登校になると、親も子どもも将来的な不安を抱えてしまうことになります。

不登校になる理由はさまざまですが、そのひとつに学力の問題があります。授業に追いつけず、極度に勉強に苦手意識を持ってしまったパターンです。

それぞれの発達速度を抜きにして考えると、小中学校のレベルの授業はきちんと教えることができる教師がいれば子どもは理解できます。つまり、子どもが勉強を苦手になるのは、8割ぐらいは教え方の問題なのです。

しかし、学校の教師にも教え方のうまい・下手があり、生徒が教師を選ぶこともできません。

僕は勉強が苦手で不登校になる子どもを減らすには、わかりやすく勉強を教えてくれる教師のオンライン授業を学校で受けさせればいいと思っています。そして、オンライン授業でも理解できない部分は、直接、学校で教師がフォローすればいいのではないか、と。そうすれば、勉強が苦手で不登校になるといった問題は、防げる可能性があると思うのです。

不登校の一番の問題は

また、勉強が苦手以外にも不登校になる原因はあります。いじめ、教師に嫌われているなどですが、この場合は、ほかの学校に転校すればいいだけの話です。ただ、人間関係が苦手という理由で不登校になってしまった場合、転校しても同じ問題が生じてしまいます。

すると、通信制の学校に通わせるという選択肢が出てくるわけですが、これには僕は反対です。

人間関係が苦手で通信制の学校に通っても、人付き合いやコミュニケーションを学ぶ機会はないので、そのまま大人になっても苦労するだけです。不登校の最大のデメリットは学力の問題よりも人付き合いに対する苦手意識を持つこと。それを解消するには、実際に人付き合いの訓練をしないといけません。

逆に言えば、オンライン授業で一定以上の学力を身につけて、学校以外でコミュニケーションや人間関係を学べれば、不登校でも問題はないわけです。別に学校へ通わなくても、人付き合いを学べる場所はあります。

もし子どもが人間関係を理由に不登校になった場合、親は「できるかぎり普通の教育を」と考えて通信制の学校などを選択するのではなく、**フリースクールや児童館に行く**など、できる部分から始める選択をしていくことが大切だと思うのです。

少子化はお金をかけない「日本政府のせい」

新型コロナウイルスに関する給付金の配り方ひとつ見ても、日本政府は本気で少子化対策をするつもりがあるのか、と思います。

二世議員が多いことでもわかるように、やはり政治家の多くは恵まれた家庭で育ったので共働き世帯の子育てがわからないのか、それとも自分たちの支持層以外にはお金を配りたくないのか、「少子化対策が必要」と言うくせに、子育てを困難にさせる状況が出てきます。ある意味、「故意なのでは?」と思えてくるくらいです。

日本という国で子育てをするのには、多くのハードルがあります。育児休暇も取得しにくく、地域によっては認可保育園へ子どもを預けることも狭き門です。

少子化を克服したフランスでは共働きや婚外子が普通ですが、そのぶん、家族給付の水準が手厚くなっています。ベビーシッターの時給は1700円くらいですが、補助金が出るので、親は1時間1000円で子どもを預けることができ、収入が少ない家庭であれば1時間1ユーロで子どもを預けることもできます。

欧州では大学の学費もタダ同然で、子どもを持っても家賃と食事代だけ稼げば、教育費がかからない国も多いです。

何かとお金のかかる日本の子育て

一方、日本では保育園に入れない共働き世帯の場合、個人でベビーシッターを頼むことになります。東京都内だと1時間約3500円。これでは、多くの人は働けば働くほどお金がかかることになってしまいます。

また、子どもを大学まで行かせた場合、日本では1000万円近くかかります。たしかに、学費が高額のアメリカに比べれば安いですが、世界的には十分高いです。こうした日本の子育て事情を知っていれば、子どもを産むのは難しいという判断になるのは当然です。

しかし、これらのハードルはすべてお金で解決できます。「国に頼らずに自分で稼げ」という意見もありますが、補助金を出して少子化対策をするのは国にしかできないことです。僕は事あるごとに「少子化は、政府の責任」と書いたり話したりしてきました。それは少子化の解決案は「子どもを産むと金銭的に得をする政策」がセットであると考えるからです。

子どもを持てない理由は人それぞれですが、内閣府の調査によれば「どのような状況になれば結婚すると思うか」に対して、第1位は「経済的に余裕ができること」というものでした。次いで、第2位は「異性と知り合う（出会う）機会があること」。国が彼氏・彼女探しを政策として実行するのはちょっと難しいので、やはり経済的に子育てしやすい環境を整えるしか少子化対策はないのです。

子ども1人につき1000万円を支給する

では、どんなお金配り政策がいいのか？

例えば「2022年中に生まれた子どもに1000万円の補助金」というキャンペーンをやったとします。すると、2022年に向けて結婚したり、産休&育休が取得しやすい仕事に転職したりする人が出てくるはずです。

日本人の20代前半の平均年収は263万円です（2020年国税庁調べ）。あまり仕事が好きではない人の中には、子どもを産んで年収の4倍のお金をもらったほうが得だと考える人が増える可能性があります。

このキャンペーンを実施すると、2022年に生まれる子どもは多くなり、結果、オムツや粉ミルクなどベビー用品を扱う企業の売り上げが軒並み上がります。その後、幼稚園、小学校、塾とベビーブーム世代が上がってくるので、行政は学校を拡充し、保育士や先生を増員。子どもを育てる環境にどんどん投資することになります。

そんなことして国家予算は大丈夫？　という話もありますが、日本人の平均年収436万円から計算すると、年間合計70万円ぐらい納税していることになります。**1000万円を支給して生まれた子どもが大人になって15年間働いてくれれば、元が取れるわけです。**社会が豊かになるのは、子どもたちが納税者になる20年後になるのですが、現在の体制でアホを量産するよりは、教育環境を拡充させて、きちんと教育を受けた人を多くしたほうが結果として得になるのです。

しかし、政治家は、長期的な視野で日本をよくするよりも次の選挙で当選するための票しか見ていません。日本人女性の出産年齢のボリュームゾーンを30〜35歳とすると、その層から票を得るよりも、人数の多い高齢者に向けて昭和の価値観を押し出したほうが安全と考えます。実際に子ども手当を実施しても大して票に結びつかず、これ以降、子育て世帯への補助金を出す政策案はなかなか出てきていませんけどね。

大学は「無償化」ではなく頭のいい子どもを無料にする

少子化が進む日本では今後、必然的に優秀な人の絶対数が減っていきます。しかし、家が貧しいという理由で、頭のいい子どもや学習意欲のある子どもが勉強を諦めざるを得ない、残念な状況があります。

本来、国家の将来の発展は人口と教育レベルで決まります。

人口が減っていく国では、将来的に国内向けの商品の売り上げが下がっていくので、設備投資もしなく（できなく）なり、雇用も減り、結果、景気も悪くなっていきます。

グーグルやアップルのように一部の超絶頭のいい人たちを集めて、その企業だけでGDPの大部分を稼ぎ、ほかの人は生活できるレベルで稼ぐやり方もありますが、そのためには超絶頭のいい優秀な人材を育てる教育レベルが必要です。

つまり、国の発展には、「人口による数」か「教育レベルの高い人たちによる質」のどちらか、または両方で攻める施策が必要になるのです。

世界の先進国は、それがわかっているので、「頭のいい子どもが学費を払えずに勉強を諦めるのはもったいないので、学費は安いほうがいいよね」というのが潮流になっています。

アメリカでは私立大学の学費は平均年間370万円、公立大学でも州外から通うと年間230万円と高額な学費が必要ですが、その代わりに大学卒業のハードルを上げて、優秀である証明をしています。一方で、ヨーロッパではEU加盟国の大学に通うなら大学の授業料は無料という国は多いです。

オーストリア、フィンランド、フランス、ドイツ、スウェーデン……もちろん、教科書代や登録料で数十万円がかかる国もありますが、それでも日本やアメリカと比べれば安いです。ロシアの地方大学では、テキスト代も含めた年間の学費が約17万円で、寮に住んでも、1か月に約4000円しかかからないそうです。

将来、国を担う人材の教育レベルを高くするために学費を安くしようというのが、アメリカ以外の先進国の一般的な考え方なのです。

Fラン大学に無駄な税金投入をするだけ

日本でも大学無償化の話は、チラホラと耳にするようになりました。頭のいい子どもが金銭的な理由で大学に行けないのは、子どもがかわいそうなのはもちろん、日本の将来にとっても大きな損失です。なので、僕も大学の無償化には賛成です。

ただし、全面的な無償化には賛成しかねます。日本にはFランク大学と呼ばれる、ほとんど出席も勉強もしていないのに落第もせずに学位がとれてしまうような、社会に出ても役に立たない大学があるからです。

少子化の影響で学生を集めるために、学費を払ってくれるなら誰でもいいとほぼ無試験状態で入学・卒業させ、留学生という名のもとに日本での出稼ぎ希望外国人を集めまくって、年間約700人もの所在不明の留学生を出している大学もあります。

もし、昨今の日本で議論されている大学無償化を実施してしまうと、こうした大学にも税金を投入することになり、優秀な学生が出てくるどころか、生徒数確保のためにたくさんの留学生を呼んで延命しようとする大学が出てくるだけ。それは税金の無駄遣い以外の何物でもありません。

そこで、大学を無償化するのであれば、**共通テストで一定以上の点数を取った学生の学費を国が支払う制度にすればいい**と思うのです。そうすれば、優秀な学生は好きな大学に学費を払わなくても入れるようになり、勉強は嫌いだけど大学に行きたい人は学費を払って入ればいいことになります。

学費が無償になった学生は有名大学でもFランク大学でも無償になるので、Fランク大学側も優秀な学生が魅力を感じるカリキュラムをつくる努力をすると思うのです。

「頭の悪い子どもは学費が有償はかわいそう」という意見もありますが、そもそも勉強する気のない学生の学費を税金で払う必要はありません。もし無償で大学に行きたければ、再度勉強して共通テストにチャレンジすればいいだけの話です。

優秀な人への学費無償化は、本当は大学に行きたかったのに高卒で就職して、日々の生活費から学費を捻出できずにいた人にも大学の道を示すことができます。

年齢に関係なく、本当に勉強したいと思う人が高等教育を受けられる社会のほうが、価値のある仕事をしてくれる人が増えるので、日本としては生産性が上がっていくと思うのです。

母親への要求が高すぎる日本社会は毒親を生みやすい

「毒親」という言葉が日本にも浸透し、社会問題化しています。

そもそも毒親とは、子どもに対して厄介と感じる行為をし、悪影響を及ぼす親を指す言葉。以前、日本の親は子どもに過干渉気味で「毒親になる可能性がある」的な記事がネット上で話題になりました。

たしかに、日本の親が過干渉というのはあるのかもしれません。ほかの国に比べてベビーシッターに対する拒否感も強い気がしますし、親だけでなく家族もベビーシッターではなく「母親が育てるべき」「ベビーフードは手作り」みたいな強迫観念を日本人は持っている部分があり、その影響で、過干渉に繋がっている気がするのです。

とはいえ、国に関係なく、ほぼすべての親は子どもがかわいいものなので、過干渉気味になってしまうのも仕方ありません。

ここで注視すべきは、〝間違った干渉がある〟ということ。そして、それをやってしまう親がいるという事実です。個人的には「こうすべき」「これをしちゃダメ」など子どもの行動を決めつけ、**自分の経験がすべて正しいと信じて押しつけたり、制限したりするのは悪い干渉**ではないかと思います。

例えば「学校から帰ったら、先に宿題をすべき」という意見。賛否ありますが、別に子どもが率先してやるなら、朝早く起きて宿題をしたほうが効率のいい場合もあると思うのです。ですが、「こうすべき脳」の親はそうした意見を聞き入れず、指摘する人たちを遠ざけてしまいます。

そういう悪い干渉などが続くと、最終的に毒親と呼ばれる状態に陥ってしまうような気がするのです。

子育てする母親への要求が高すぎる問題

日本の場合、悪い過干渉が起きてしまう一因に、ほかの国に比べて父親が子育てに参加していない点があると思います。その結果、子育てする母親への要求が高くなりすぎるという問題が発生し、余計に過干渉になっていくという状態にあるのではないか、と。これを解消するには父親の育児参加は当然として、母親への要求を減らしてみたらいいと思うのです。

例えば「ベビーフードを手作りにすべき」という風潮があると述べましたが、ここに「手作りよりベビーフードのほうが衛生的である」という観点を持てば、既製品を使っていいんだと、気持ちがラクになりますよね。

そうやって子育てをしていく過程で、子どもへの干渉を適度にしていくことは、むしろ子どもに寄り添ういい干渉だと思うのです。

「赤ちゃんポスト」は必要。育児ができない親は一定数いる

熊本県の慈恵病院が「こうのとりのゆりかご」というプロジェクトを実施しています。この名称を聞いてもわからない人は、通称「赤ちゃんポスト」と呼ばれていると書けば、わかるでしょうか。

赤ちゃんポストは、諸事情で育てられなくなった親から赤ちゃんを保護するシステムで、病院は警察と連携を取りながら、赤ちゃんを児童相談所の保護下に置くというものです。

そんな「子どもを手放す」ための赤ちゃんポスト設置に対しては、「児童を安易に

手放す傾向を助長する」「児童相談所に負担がかかる」などと非難されていますが、一概にそうとも言えないと思うのです。むしろ、僕は赤ちゃんポストに賛成派です。

こんなことを書くと「自分勝手に産んで育児放棄をする親を擁護するのか」と言われそうですが、いまの時代、産む役割と育てる役割が分かれていてもいいと思います。

厚生労働省の発表によると、全国の児童相談所が２０１９年度に対応した18歳未満への虐待件数は速報値で過去最多の19万３７８０件と前年比21・２％増。虐待の件数としては過去最多でした。

一方で、子どもの人数は２０２０年の総務省統計局の調査で15歳未満人口が１５１２万人と前年比で20万人減。要するに、子どもの数は減っているのに虐待の数は増えているという、ひどい状態なのです。

日本には親元から子どもが離れることで「親の愛情を受けられない」「施設に入っ

て気の毒」と考える風潮もありますが、このネガティブなイメージが子どもを安易に手放せずに、虐待やネグレクトに繋がっていると思うのです。

もちろん、育てる気がないのに避妊もなしに子どもを産むのはよくありませんが、子どもはほしかったけど、実際に子どもを産んで育てたら大変な状況になってしまったパターンもあります。その大変さは、実際に親になってみないとわかりません。

いくら社会が子育ての努力を親に強要しても、親も人間です。世の中には努力をしたくない人がたくさんいます。なかには、人に暴力を振るう無責任な人もいて、そういう人も普通に親になるわけです。

そういう子育ての努力をしたくない人をなんとかしようと思っても難しい話で、もし社会にいることを許容できないならば、例えば、共通テストで一定の点数が取れなければ極刑に処すとか極端なものにでもしないかぎり、実現できないと思うのです。

とはいえ、親に育児への努力を放棄された子どもは生きていけません。それなら児童保護施設に預けるほうが、よっぽど子どものためになるわけです。

親を責めずに環境を整備しよう

「子育ては親がやるべき」「自分はなんとかしたからできる」と言う人たちがいますが、それは核家族化や共働きではなかった時代の話。当時と現在では子育ての条件が違うことに気がついていない、時代の流れを考えられない頭の悪い人たちなので、何か言われても放っておきましょう。

さまざまな理由で子育てが難しい人たちが大勢いるのは事実ですし、自分が育てるよりも他人が育てたほうが、最終的に子どもが幸せになるなら、施設に入れるのもアリです。

そうして児童養護施設に入ることが珍しくなくなり肯定的に広がっていけば、児童虐待の増加も止められたり、子育てのつらいイメージも緩和されたりして、子どもを持とうと思う人も増えると思うのです。

もちろん一番いいのは、児童養護施設に頼らずに児童虐待や少子化問題が解決することです。しかし、それが難しい以上、親が苦しいときに頼れる場所を行政が用意できればいいと思います。その役割は児童相談所なのかもしれませんが、現状、予算も余裕もなく、子どもの虐待は毎日どこかで起きています。

大切なことは、**子どもを育てられない親を責めることではなく、生まれてきた子どもがきちんと育つ環境をつくること**。そういう意味でも、抵抗なく子どもを手放せるようにするのもひとつの手段だと考えたりするのです。

「学校に行かなくていい」論は絶対に聞いてはいけない

学校教育の話のなかで、話題になるのが「学校に行く必要はあるのか」問題です。

そもそも、子どもが「学校に行きたくない」と感じるのは普通です。だからこそ、学校へ通うのは「やりたくないことも、できるようになる」という目的のひとつになります。覚えたくないものを学習する方法や、その習慣を身につけることを学ぶのが学校の意義でもあるので、行かなくても大丈夫ってものでもないと、僕は考えます。

「学校に行かなくても問題ない」と言う人の理由も理解はできますが、そういう人は何かしらの才能があって成功している人が多いです。**才能は、少数しか持っていない**

から〝才能〟なわけで、そう考えると大多数は「才能がない」ということになります。

そういう才能のない子どもが社会の競争に巻き込まれるわけですから、計算をできるようにしたり、外国語の基礎を習得したり、教養を学んだりと、できるだけ多くの備えをしてあげたほうがいいわけです。音楽や図工、美術もそれらの教科を通して子どもが気づいてない才能を見つけてあげられる可能性もありますしね。

才能のない子は大卒資格がないと世界で戦えない

ここ数年で日本は給料が低い国になりました。一人当たりの所得も2000年の世界2位から2020年には22位に下がっていて、今後も下落が続くと言われています。だから、同じ仕事をするにしても海外で働くか、外資系企業から仕事を受けるかしたほうが収入はよくなるわけですが、才能も教育も受けていない子どもが、先進国の教育を受けた同世代に勝つのは相当難しいでしょう。

しかも、日本以外の先進国で知的労働者になるには大卒の資格は必須で、大卒資格のない人が「知的労働者です！」と元気に言っても、よほどの職歴や結果がないと労働ビザの発行を認めてもらえないわけです。多くの先進国は自国民の失業者を抱えていて、自国民でできる仕事に外国人を入れたくないのですから、当然ですよね。

そう考えると、子どもを少しでもラクに暮らせるようにしてあげたいと願うなら、やっぱり学校での教育は大切。日本の大卒資格は、学校にちゃんと通っていれば海外よりも簡単に取れるんですから。

もちろん、大学に行かなくても成功した人はいます。でも、それは元から頭がいいか、才能があったので、学校に行かなくても成功したという話です。学校に行かなかったから優秀になったわけではありません。

ホリエモンこと堀江貴文さんは、「学校教育は要らない」と言っています。たしかに、彼は学歴的には高卒でも成功しています。しかし、東大に現役合格するだけの才能があったから「学校教育は要らない」とか言えるわけです。

それなのに、学校に行かなくてもいいと言うのは、単なる無責任としか思えません。もしくは、自分の子どもに才能があると妄信しているのか……。

「平等に育てる」は教師＝仕事の人がラクしたいだけ

引きこもり関連の事件が起きると、「引きこもり問題をどう解決するのか？」という議論が沸き起こります。しかし、引きこもり問題は解決するのではなく、僕はこの気質をひとつの才能と捉えています。

人の嗜好というのは、インドア派とアウトドア派に大きく分けられます。インドア派で「誰かと喋りたい」という人もいますが、そういう人は引きこもりに向いていません。お喋り欲は男性より女性のほうが多いと言われますが、内閣府が出した2018年の実態調査でも、引きこもりの7割以上は男性だったりもします。

また、引きこもりが自宅で本を読む比率は、引きこもりでない人に比べて多いというデータや、引きこもりでない人よりもテレビを観ていないというデータもあり、引きこもりはテレビよりも読書好きが多いということになります。

こういう特徴も、ある種の才能だと思うわけです。

世の中の仕事には肉体労働と頭脳労働があり、頭脳労働のほうが給料も社会的な地位も高くなるのは周知の事実です。本を読む人のほうが頭脳労働に向いているのは言わずもがなですが、学生時代「オタク」と蔑《さげす》まれていた層の人たちが、ＩＴ業界で高給取りのプログラマーとして働いている姿をよく目にします。

しかし、いまの学校教育では体育会系やコミュニケーション能力が高い人が評価されます。内向的なインドア派の人の中にはその評価基準から外れ、いじめられ、疎外され、結果、学校に行かなくなって社会からドロップアウトしてしまう。それは、社会的にもったいないことです。

小中学校から留年させるメリット

ほかにも「勉強ができない」という理由で、学校に行かなくなる子どももいます。日本の小中学校には基本的に留年という概念がありません。

例えば、かけ算がわからない子どもがいても、カリキュラム通りに授業は進んでいくので、当然、割り算や分数もわからなくなります。結果、その子どもは「勉強が苦手」という思い込みをしてしまうわけです。

小学校の「さんすう」は、最初はりんごやみかんの数とか、現実に見えるもので例えるので比較的理解しやすいものです。しかしその後、小数点以下とか分数という抽象的な概念が出てくると混乱する子どもも出てきます。

抽象的な概念は頭の良し悪しではなく、脳の成長の速度で理解度が変わるものなので、カリキュラム通りのタイミングで理解できないこともあります。

だから、**脳の成長に合わせて留年をさせるのもいいのでは**、と思うのです。留年する子どもが増えると、学力は横並びになります。年齢はバラバラになりますが「平等に育てる」という概念は消し去り、〝周りの子どもと違うからいじめる〟という発想も減ると思うのです。

僕の母校の中学校には外国育ちの生徒がいました。日本語が不慣れという理由から18歳なのに中学3年生という同級生もいましたが、疎外されることもなく、逆にみんなでお金を集めて渡して18禁のビデオをレンタルしてもらったものです。

教師が効率化を求めると「平等に育てる」にたどり着く

ツイッター上で「日本の学校教育」と題された、同じ顔に整形された子どもたちの写真が話題になりました。なぜ日本の学校教育は、同質性を求めてしまうのか？

それは、教師の影響が大きいと感じています。

一部の例外を除くと、教師の中には企業から「必要ない」と烙印を押された人が多かったりします。大学生で教師が第一志望という人は少なく、たいてい就職先の第一志望に一般企業があります。特に、バブルのころは一般企業のほうが待遇もよかったので、その傾向は強いように感じます。

そうした一般企業に入れなかった教員免許取得者が、教師の採用を受けるわけですから、日本の学校には、生活のために仕事として、教師をする人が多くなります。

教師＝仕事ですから、効率化を図るのは当然です。では、効率よく子どもたちを管理するにはどうするか？　同じ学習で、同じ結果を出す子どもを育てたほうがラクと考えます。結果、学校教育で同質性を求めがちになってしまうわけです。

その例として「ＵＤ書体」という話があります。文字認識が不得意だったり、文字を見ていると頭が痛くなったりする子どもでも読みやすいように、ＵＤ書体という便利なフォントが作られていました。ある親御さんが子どもの学習のために、「ＵＤ書体を学校側に使ってほしい」と配慮を求めました。しかし、断られてしまったのです。

子どもに同質的な学力を求めるならば、学校側はＵＤ書体を使うべきです。「生徒一人一人でやり方を変えられない」などさまざまな言い分はあるのかもしれませんが、学校側にやる気と配慮する時間がないのだと思います。

組織の中で、決められたルールのもと生活することに慣れるのは、日本の学校が持っているいい機能のひとつだとは思います。でも、個人的には、それが最重要ではない、と感じていますが、この考えは教師には理解されることはない気がしています。

とはいえ、自分の子どもが教師に嫌われても面倒くさいだけです。なので、子どもにはその事実をきちんと伝えたうえで、「〝いい子を演じる〟のも経験のうち」と教えるといいのではないかと思っています。

「落ちこぼれ＝かわいそう」思想が子どもを一番不幸にする

小学校で背が低かった子どもが、中学校で大きく身長を伸ばすことがあるように、脳の発達にも個体差があります。

先に述べたように、「脳が抽象的な概念を理解できるまで発達しているか？」を把握せずに、カリキュラムどおりに学校の授業を進め、成績ばかりを気にするのは違うと考えています。

子どものころの「頭がいい」は脳の発育が早いだけです。本当に頭がいいわけではないのに子どものころ「神童」と呼ばれる子どももいますが、大人になったら……というパターンは、意外と多いですよね。

逆に、子どものころは反応も鈍く、5歳まで言葉を話さずに「大丈夫か？」と心配されていたのに、大人になってノーベル賞を取ったアルベルト・アインシュタインみたいな人もいるわけです。

そう考えると、生まれた年次に合わせて進級する、日本の学校教育は微妙です。

これだと、本来は頭のいい子どもなのに脳の発達が少し遅いだけで、勉強に苦手意識を持ったまま一生困り続ける人も出てきます。それであれば、その**子どもの習熟度に合わせて落第&留年させてあげたほうが、子どもの人生にとってはプラス**なわけです。しかし、日本には「落ちこぼれ＝かわいそう」思想が強く、落第がありません。

逆に、脳の発達が早くて、小学校低学年で連立方程式が理解できる子どもにも、日本では「連立方程式は教えていない」とつるかめ算をやらせたりもします。そういう無駄は子どもの学校嫌いの理由になるので、やはり飛び級をさせたほうがいいと思うのです。

世の中には、先天的に高い知的能力を持つ「ギフテッド」と呼ばれる人がいます。彼らにＮＨＫがアンケートしたところ「学校に馴染めない」という回答がありました。「走るのが得意な人は『速く走ってはダメ』と言われないのに、勉強はなぜ横並びにしないといけないのか」と、学校教育に不満を感じているそうです。

アメリカは人口の約２％がギフテッドと言われています。特定分野では異常な才能を見せるものの、情緒不安定だったり落ち着きがなかったりするので、そういった子どもたちが通う専門の学校に行かせます。マーク・ザッカーバーグやビル・ゲイツもギフテッドだったと言われています。

ホームルームは年次で、学科は学力で、と能力に合わせた教育をしたほうが「落ちこぼれ」が減って「天才」の才能が伸ばせると思うのです。

学校教育では「答えのない問題」に立ち向かう力は身につかない

世の中にある問題を大きく2つに分けると「答えのわかっている問題」と「答えのわかってない問題」になります。

学校や塾で教えてくれることは基本的に答えのわかっている問題です。公式を覚えて答えを導き出したり、歴史の年号や植物の名前を覚えたりすれば、問題を解くことができ、とりあえず大学卒業ぐらいまでの試験やテストは難なくこなせます。

ところが、社会に出ると答えのない問題だらけの状態になります。

例えば、お客さんに商品を売る場合、決まった言動で買ってくれるわけではありません。恋人やパートナーをつくるのも同じで、正解の言動をすれば付き合ってくれるというものではないでしょう。ビジネス書や恋愛攻略の書籍、雑誌は数多ありますが、そこに書かれているのは、あくまでノウハウであって「正解」ではありません。

何が正解なのかわからない問題だらけの社会で生き抜くためには、手探りで物事を進め、問題を解決していかなければいけません。そこで、必要になってくるのが、正解っぽいものに試行錯誤しながら、近づいていく能力です。

答えは誰にもわかりません。だからこそ、まずはネットや書籍など文献に当たったり、一次資料を探したりして正解に近いと思われるものを見つけ出します。

その正解に近い理由を、客観的に他人に説明できるようにする癖をつけるといいと思うのです。これは研究者のやり方と同じ。これが社会でうまくやっていくために、とても必要なスキルだったりするのです。

ここで「人に聞く」という方法もありますが、あまりオススメできません。運良く答えを教えてくれる人が周りにいればいいですが、周りにアホしかいない場合、問題が解決できずに時間を浪費してしまうどころか、間違った答えに導かれてしまうこともあります。

本人の能力値が高くても、周りのアホを信じて行動するとアホな行動しかできません。だから「人に聞く以外の方法で答えを見つける能力」が社会では必要なのです。

本来「答えのない問題の解き方」を学校教育で教えてくれればいいのですが、教師は学校以外を知らない、社会人経験もマトモにない大人がやっているので「答えのわかってない問題の解き方」を知らないことがほとんど。それは、教えられなくて当然ですよね。

学校の先生の言うことを真に受けないほうがいいのは、こういう理由もあるのです。

日本の教育は時代遅れで無駄が多すぎる

新型コロナウイルスが流行して以降、先進国ではオンライン教育に対応するために設備投資し、教師への訓練を行っています。教育は社会に出るための準備なので、その時代に合わせた教育の方針が必要なのは当然です。

昭和の時代だと「漢字を覚えていて、手書きで文章をきれいに書ける」ことは重要でしたが、いまの時代はキーボードを素早く打てればよく、パソコンが変換候補を表示してくれるので、漢字を手書きで書けなくても社会人として困ることはありません。

つまり、令和の時代に漢字の書き順を学習するのはほぼ無駄なわけですが、いまだに学校では漢字の書き順を教えています。社会に出てから役に立たないことを、無駄に学習させられる子どもたちは、本当にかわいそうですよね。

そんな変わらない教育方針が大きく変わった時期がありました。「ゆとり教育」と呼ばれている期間です。

ゆとり教育は、知識量を重視した詰め込み型の教育方針から、社会で役立つような思考力を鍛える学習に重点を置いた経験重視型の教育方針に変更するものでした。

しかし結果は、国際経済全般を協議する「経済協力開発機構」が15歳を対象に世界79の国と地域で実施している国際学習到達度調査（ＰＩＳＡ）で、世界における日本の学力の順位が下がってしまいました。そのため、２０１１年度から、ゆとり教育を廃止。授業内容を増加させる教育方針に戻したのです。

結果だけを見ると、ゆとり教育は失敗だったことがわかります。僕自身も〝日本

の〝ゆとり教育は失敗だったと思いますが、**ゆとり教育そのものが間違っていると**
は思っていません。

社会に出て役立つゆとり教育をやる

ゆとり教育の成功例としてよくあげられるのがフィンランドです。同国の20~24歳の大卒平均月収は2520ユーロ、1ユーロ130円換算で約33万円。一方で、日本は大卒22歳ぐらいの初任給は平均21万円。教育を終えて社会に出るだけで、約10万円の差が出ています。

しかし、2018年の国際学習到達度調査におけるフィンランドは、読解力が7位、数学的リテラシーが16位、科学的リテラシーが6位と日本とほぼ同水準(日本は読解力15位、数学的リテラシー6位、科学的リテラシー5位)。この結果を見比べると、ゆとり教育そのものが悪いのではなく、「日本のゆとり教育が間違っている」ということになります。もっと言うと「日本の先生が悪い」というのが正解ではないかと思うのです。

また、フィンランドの授業日数は世界でも最低レベルで、学校の授業日数は約190日です。日本の子どもたちはフィンランドの子どもと比べて約40日も多く学校に通っているのですが、社会人になると日本人はフィンランド人より約10万円給料が低くなるのです。しかも、フィンランドは大学が無償で、日本は大学に数百万円の学費を払っているのに、です。

フィンランドの日本における四年制大学への進学率は30％程度で、多くの人たちは高校を卒業したあと、職業訓練校という日本の専門学校にあたる学校に通います。そこで、職業に則した実践的な授業を受けるわけです。

例えば、小売店の店頭に置いてある安売りの看板の書き方の授業や、アパレルショップでの洋服のきれいな畳み方講座など、その分野で3年以上働いたことのある人たちが教師として教えます。その教師も、5年に一度は現場に戻って実務経験を積まないといけないそうです。たしかに、これなら社会に出たあと、役に立つ知識を学生に教えることができますね。

一方、日本の場合は社会人未経験、もしくは社会人経験から10年以上離れた人たちが、教師として学生に教えています。しかも、社会に役立つ知識は学習指導要領で重視されていないので、忙しい教師も熱量を持って教えられません。必然的に、役に立たない必修授業をして、学生の貴重な時間を浪費していくわけです。

「パソコンは使いこなす」「外国語が使える」「宗教の知識があったほうがいい」など昭和の時代とは明らかに違う価値観で、社会に出たときに役立つ教育内容に変えていく。役に立たない授業を減らしていかなければ、ゆとり教育は成功しません。

ゆとり教育は廃止するのではなくて、考える習慣や社会に出てから役に立つ授業をしていくという、本来の目的に立ち返ることができれば、日本のゆとり教育も成功すると思うのです。

義務教育で「宗教」を教えたほうがいい理由

前の章で、「お金の使い方」を義務教育に加えると書きましたが、「宗教」の授業も入れたほうがいいと思っています。

世界にはさまざまな宗教が存在しますが、その人たちがどの宗教を信仰しているかを知ると「何を規範に行動しているのか」を知ることに繋がります。

海外で暮らしていると、たまに外国人に宗教を聞かれることがあります。僕はそんなとき、「仏教徒です」と答えるようにしています。実際は寺で葬式をし、教会で結婚式をあげる無宗教なのですが、海外で「無宗教です」と答えると面倒くさいことになるからです。

日本には特定の宗教を信仰しない無宗教の人は多いですが、海外の人からすると「宗教を信じていない＝神を信じていない＝道徳の規範がない」となり、ヤバい人と訝《いぶか》しがられる可能性があるのです。

しかし、実際の日本人の多くは「無宗教」と言いながらも道徳心は心得ているので、海外で言うところの宗教的な価値観を持っているものです。このように日本人の常識が世界では常識でないことが、国際交流が盛んになればなるほど出てくるものです。

世界の人の考え方を知る

各宗教を学べば、相手の行動ややってはいけないことがわかります。例えば、仏教国でもタイでは子どもの頭を撫でてはいけないとか、ラマダンの月のイスラム教徒の人は怒りっぽいから気をつけろとか。宗教の知識は、国際常識の一部だったりするわけです。
「日本から出なければ関係ない」と考えるのは昭和の世代までで、これからの子どもたちはグローバル社会のなか、海外にモノを売っていかないと先進国の生活は維持できませんし、日本にいても外国人と接点を持つ機会は増え続けていきます。

日本で生活するとあまり意識しませんが、人類の31％はキリスト教徒で、24％はイスラム教徒と言われています。高校の世界史の授業で宗教の歴史を学び「各国の人たちが何を規範として考えているのか？」など、現代の国家の関係の背後にある宗教的な背景を知るわけですが、義務教育から始めてもいいくらい宗教を知っておくことは重要です。

これからのグローバルな時代を生きていく子どもたちには、なるべく早く海外の人たちの考えを知る機会を与えたほうがいいと思うのです。

おわりに

『2ちゃんねる』『ニコニコ動画』の管理人をしていた僕のもとには、子ども向けや教育機関向けの冊子で「インターネットとの向き合い方」についての原稿執筆や、講演、オンラインイベントの依頼がよくありました。

僕は時間が許すかぎり、無償（もしくは寄附。交通費はいただきました）で受けるようにしています。そんなとき、担当編集から「僕が親なら、で執筆してみないか」と言われたのが、本書を上梓するきっかけでした。

しかし、子育ての正解は時代によって変わります。子どもの個性によっても教育に意味のあるものと、意味のないものがあると思っています。

無意味な勉強を繰り返させて、耐久力や忍耐力が身につく子どももいれば、強制的にやらせた結果、大嫌いになる子どももいるでしょう。

だから、本書に書いてあることが正解ではないとは思いますし、話半分に子育て、教育の参考にできるところがあれば拾ってもらえると嬉しいです。

僕はこの原稿を書く際、読み書き・計算などの数値では測れない「非認知能力」を育てる方法や、親と子どもがストレスをためずに楽しく暮らすための考え方を書くようにしてみました。

例えば、半分まで水の入ったコップがあったとします。考え方は人それぞれで「コップに半分の水が入っている」「コップに半分しか水が残っていない」「コップに半分も水が残っている」とあるはずです。

ものごとは捉え方によって、嫌な出来事も前向きに捉えられたり、すんなりと乗り越えられたりすることがあります。ちょっとした考え方の問題で長い人生でのストレスを減らすことができるものです。これは、子育てにも言えると思っています。

そして、本書にも書いていますが、子どもたちの未来のためには多くの子どもがパソコンに触れ、世界のＩＴの波に乗り遅れないようにしなければいけません。

文部科学省も同様のことを考えたのか、「令和時代のスタンダードとしてのひとり1台端末環境」という題目を掲げ『ＧＩＧＡスクール構想』なるものを立ち上げていたので、期待していました。

しかし、この構想、蓋を開けてみたらパソコンを配るのではなく、しょうもないタブレットが配られるだけの地域があるという残念な現実がありました。

タブレットやスマホでは機能が限られてしまいます。ゲームもプログラミングもできるパソコンを配れば、子どものころからＩＴが身近なものだと認識でき、ツールとして使いこなせるようになる子どもも増えていくと思うのです。

その考えから、２０２１年に僕を含めた10名の有志が５００万円ずつ出し合い、合計５０００万円を集め、３２３台のパソコンを96の児童養護施設に無償で配ることを実施しました（２０２1年8月末時点）。日本国内には、全部で６００ぐらいの児童養護施設があり、すべての施設には、まだ配りきれていません。だから、本書の著者印税も児童養護施設にパソコンを寄贈するための費用に充てることにしています。

このまま続けていけば、近い将来、民間の人たちだけでも実現できるのではないかな、と。子どもたちの未来のため、少しでも役立ててもらえれば幸いです。

２０２1年8月末　ひろゆき

ひろゆき（西村博之）

1976年、神奈川県生まれ。東京都・赤羽に移り住み、中央大学に進学後、在学中に米国・アーカンソー州に留学。1999年に開設した「2ちゃんねる」、2005年に就任した「ニコニコ動画」の元管理人。現在は英語圏最大の掲示板サイト「4chan」の管理人を務め、フランスに在住。たまに日本にいる。週刊SPA!で10年以上連載を担当。主な著書に『1%の努力』（ダイヤモンド社）がある

僕が親ならこう育てるね

発行日　2021年 9 月15日　初版第1刷発行
　　　　2021年11月20日　　第3刷発行

著者　ひろゆき
発行者　久保田榮一
発行所　株式会社 扶桑社
〒105-8070
東京都港区芝浦1-1-1 浜松町ビルディング
電話　03-6368-8875（編集）
　　　03-6368-8891（郵便室）
www.fusosha.co.jp
印刷・製本　サンケイ総合印刷株式会社
ブックデザイン　小口翔平＋三沢稜＋畑中茜（tobufune）
DTP　Office SASAI
構成　杉原光徳（ミドルマン）
編集　石井 智

Printed in Japan
ISBN978-4-594-08941-2